東大卒
収納コンサルタントが教える

子どもが自然と集中する学習空間のつくり方

著
米田まりな

日本能率協会マネジメントセンター

はじめに

・子ども部屋にこもって勉強しているのに、なかなか成績が伸びない……
・リビング学習をしているものの、集中力がないのか、すぐに飽きてしまう……
・普段は散らかしてばかりなのに、テスト前に限って、子どもが掃除をしだす……

整理収納アドバイザーとして部屋づくりについてアドバイスをする中で、小中学生の親御さんから、このようなお悩みを頻繁《ひんぱん》に耳にしてきました。

特に昨今は、中学受験の競争が過熱しています。

首都圏では5人にひとりが中学受験をすると言われるほど。学校での勉強に加えて、塾に通う・通信講座を受けるなど、中学受験をしない家庭でも、学校外での学習に力を注ぐ家庭は少なくないでしょう。

文部科学省の「子供の学習費調査」によると、小学6年生に対する年間の補助学習費用（通塾など、学校外の勉強にかかる費用）は、公立学校で20万円、私立で56万円と、子どもたちへの教育投資は惜しみなく行なわれていることが分かります。

でも、お子さんは本当に、自分から勉強をしているでしょうか？

高額な費用を支払って通っている塾の予習・復習、通信教育の勉強をする場所は、大半が「自宅」です。その自宅の環境整備に、どれだけ注意を払えているでしょうか？

もしお子さんが勉強に集中できていないとしたら、その原因は子どもの性格や学習教材・教師にではなく、もしかすると、「家」に問題があるのかもしれません。

脅《おど》かすような書き方になってしまってごめんなさい。

でも、安心してください。

家の環境は、心がけ次第ですぐにでも変えられるものです。

本書では、お子さんが「勉強に集中できる！」と思えるような部屋づくりについて、誰でも実践できる仕組みと、東大生の家庭調査から得た具体的な事例をもとに、丁寧に解説をしていきます。

自己紹介が遅れましたが、私は東京大学経済学部を卒業後、総合商社で勤務をしながら、整理収納アドバイザーの資格を取得しました。

資格を活かして、多くの方の家の片付けをアドバイスしながら、これまで主に社会人向けに、整理収納術や目標達成術について、6冊の書籍を執筆・監修しました。

現在はITスタートアップの株式会社サマリーにて取締役CSOとして働きながら、執筆活動を続けています。

本書の執筆にあたっては、東大の卒業生100人へのアンケートや、現在中学受験の準備中のご家庭に対する片付け指導など、多くの方のご協力をいただいて、研究を行なってきました。

その中で「大人・子ども共通の片付けの心理」もあれば、「子どもだからこそ気を付けたいポイント」も同時に多く発見されました。

本書では、東大生を育てたご家庭の実際の間取り図や、各家庭に置かれていたもの、注意したい家具・収納グッズなど、具体例を多く交えながら、片付けの根本にある考え方について、話をしていきたいと思います。

私自身はふたり兄弟で、いずれも東京大学に入学しています（私が長女で、4歳下の弟がいます）。手前味噌ではありますが、我が家での間取りや収納の工夫についても、あわせて紹介をしております。

ぜひ、本書の中でも納得感を持ったアイデアを、ひとつでもふたつでも試していただき、トライアル＆エラーの精神で、親子で理想の環境をつくりあげていきましょう。

2024年11月

米田まりな

第1章　どうしてテスト前になると、子どもは掃除を始めてしまうのか

第2章

「勉強に集中できない」は、住環境で変えられる

第3章

「集中できる学習空間」をつくる10か条

第4章

子どものあふれる荷物、どう整理する？

第5章

モノへの「主体性」が、勉強への向き合い方を変える

第1章

どうしてテスト前になると、子どもは掃除を始めてしまうのか

んもーー!!
また
散らかして!
わーい
わーい
ポイ
ポイ
キー!
いい加減
片付け
なさい!!
野球しに
行く!
ピューン!
明日はテストだから
さすがに静かに
勉強してるわね
入るよー
Kids
なんで今に
限って片付け
してるの!
コラー!!!
ピカー!

1 テスト前になると片付けたくなるのには、科学的根拠があった

テストの日が迫っているのに、直前の追い込み時期に限って、本棚を整理したり、机の周りの片付け・部屋の掃除がしたくなる……。

私たち大人も、一度や二度、そういった経験があるのではないかと思います。

実際、スタディサプリでの調査によると、**高校生の7割が、「勉強をしなくてはならない時に掃除や整理整頓をしたくなる」と回答**しているそうです。

ある程度成長した高校生ですらそうなのですから、小中学生がテスト前に机の荷物をいじったり、注意力散漫となって遊びだしてしまうのも、ある意味仕方のないことかもしれません。

こういった行動は心理学で**「セルフ・ハンディキャッピング」**といわれ、自分自

身に不利な条件を与え、自尊心を守ろうとする心理状態を指します。「自分は片付けで忙しかったから、テストの点が悪くてもしょうがない」と、言い訳しやすくなるのです。

この心理が働くと、高い目標に取り組む際、つい先送りをしてしまいます。

集めている雑貨や、学校からのお便り、読みかけのマンガ、さらには書きかけのお手紙や習い事のお知らせなど、「いつかやらなくては」と想起させる情報物……。机の周りはとにかく「刺激物」が多いのです。

体系化されていない情報が視界の中に増えるほど、脳の集中力が低下する。このことは、プリンストン大学の研究ですでに明らかになっています。

さらに、「いつかやらなきゃ」と思っていることは、目や耳に入るたびに潜在意識にすりこまれていきます。

つまり、**普段から「片付けなさい！」と言っていればいるほど、そのことが潜在**

意識にすりこまれ、テスト前などの肝心な時に限って、片付け・掃除を始めてしまうのです。


誘惑物が散らばった机で、「ここぞ」という時に、優先順位を間違えずに集中力を発揮するのは、大人でも難しいですよね。

だからこそ、テスト・受験など大切なイベントの前には、具体的なやり方を示しながら、親も寄り添って伴走する形で、さりげなく刺激物を取り除いてあげる必要があるのです。

2 そもそもなんのために子ども部屋をつくるの？

「東大生の8割は、リビング学習をしている」。

学習環境に関心のある皆さんであれば、一度は聞いたことがある数字ではないでしょうか。

これは『東大脳の育て方』（主婦の友社 知育・教育取材班・編）で示された、東大生に対するリサーチから明らかになった数字です。

そのため、子ども部屋に対して「子どもが孤立する、目が行き届かず勉強をしなくなる」というネガティブな印象を持っている方も少なくないでしょう。

リビング学習をする場合、子ども部屋自体がいらないのではないかと思うかもしれません。

一方で、子どもが小学校3～4年生であれば約半数、小学校5～6年生であれば約65％の家庭で「子ども部屋がある」という調査結果も出ています。

果たして子ども部屋はいるのでしょうか、いらないのでしょうか。

そして、いる場合、何をすべき場所なのでしょうか。

ここでまずは、子ども部屋の歴史を振り返ってみましょう。

そもそも子ども部屋という概念が西洋で生まれたのは、18世紀のことでした。

そしてこれが、明治期に近代文化のひとつとして輸入されたのが、日本における子ども部屋の始まりです。


子ども部屋が一般家庭に普及したのは大正時代以降で、1970年代には小学生の約8割が個室を持つほどの普及率になったといいます。

西洋では、寝る・内省を深める場として子ども部屋がつくられたのに対し、日本では「学習」が子ども部屋の機能の中心となりました。


そして、風向きが変わったのは1980年代です。

不登校・引きこもりや、子ども部屋が関わった少年犯罪をきっかけに、親の注意が行き届かない個室をつくることへの批判が始まりました。

一時は「子ども部屋は悪だ」という極端な批判までなされた時期もありました。

しかし現在では、「勉強という機能にこだわらず、子ども部屋のあり方を多角的に見直していこう」という模索段階にあります。

つまり現時点では、**「子ども部屋はいる・いらない」「何をすべき部屋か」というふたつの疑問についての明確な答えは導かれていません。**

それに加えて、家庭ごとに個性があることから、答えは一様には定められないでしょう。

このように、時代の変遷とともに子ども部屋をめぐる価値観は大きく変化してきました。夫婦・親子間で子ども部屋についての意見が異なることもあるでしょう。

「リビング学習をどう活用するか？」の具体的な方法は第3章で詳しくご紹介しますが、こうした歴史や、本書でご紹介する内容を踏まえて、ご家庭ごとにディスカッションができるといいですね。

3 家はインテリアよりも、機能と役割を大切に

テレビや雑誌、ウェブメディア、SNSの普及から、現代は誰もが「映える」部屋を目指す、インテリア戦国時代です。

特にSNS上には、身近に感じているインフルエンサーの、生活感を残しつつも「自分らしく暮らす」技があふれています。

無造作に置かれた雑貨や、家族の写真、見せる収納グッズが、なんとも「充実した暮らし」を演出します。

しかし、見た目のよさと、機能面での使い勝手は、なかなか両立が難しいもの。

雑貨や写真立てを置くことで貴重なスペースが奪われたり、家具の使い勝手が下がったりと弊害が出ることが多々あります。

特に親御さんが「毎日忙しい」という家庭では、インテリアは一旦お預けするのがよいでしょう。

ショッピングモールに行ったらつい雑貨を買ってしまう方、思い出の品をなんでも飾ってしまう方は、黄色信号です。

以前、小学生のお子さんのいるご家庭に、片付けに伺った時のこと。

親御さんは「子どもが宿題に取り掛かるまでに時間がかかる。また、リビング学習後、食事の際に教材を片付けてくれない」という悩みを抱えていました。

ところが、実際にダイニングテーブルを見てみると、お子さんの学習スペースの真横の棚に、ウイスキーと高級ワインの瓶がズラリ！

ダイニングテーブルの周りには、高級なお酒や食器がおしゃれに陳列されており、お子さんの学習道具は子ども部屋の本棚を定位置としていたのです。

これではお子さんが、教材を出し戻しするのが億劫《おっくう》になっても仕方ありませんよね。

お酒や食器を別の場所に移動させ、その場所を教材・文具の保管コーナーとすることで、その後お子さんはスムーズにリビング学習に取り掛かるようになりました。

家全体のインテリアだけでなく、**子ども部屋のインテリアに親が関与しすぎるのも、控えたほうがいい**でしょう。

もちろん安全性や採光など、体への影響が出る部分は親が見てあげるべきですし、片付けや掃除のやり方を教え、定期的に促すことは効果的です。学習机の周りに気を散らすものがないかも、一緒に点検してあげるといいでしょう。

しかし、子ども部屋全体の「見た目」に親が口出しをしてしまうと、子どもに個室を与える意味が半減してしまいます。

西洋では、子ども部屋が「内省（自らを深く省みること）の場」とされていると前項でも触れましたが、その内省の仕方のひとつが「自分だけの空間を自分でつくること」です。

お小遣いをためて雑貨を買い、ベッドサイドに飾る。

壁に好きなアイドルのポスターを貼るなど、自分の空間を試行錯誤しながらつくる中で、自分自身の好き・嫌い、何に関心があるかを知れるのだといいます。

そのため、**子ども部屋のインテリアは、多少不格好でも本人の意志に任せて、親は見守る**形がよいでしょう。

SNS上で子ども部屋の事例をのめり込むように見ている方は、子どもの空間に親のエゴを投影しようとしていないか、振り返ってみてください。

＊

子どもの受験期は、「親の時間は二の次で、子ども第一優先で過ごす」という家庭も多いと思います。

「子どもの勉強が第一優先」というのは、精神的なものに止《とど》まらず、リビングのスペース・棚の一つひとつにおいても当てはまります。

受験期は、スペースは子どもに譲って大人は我慢。子ども自身のインテリアは、創造性を育むために、スペースを決めて自由にやらせてあげましょう。

「私のインテリアはどうなるのよ?」という親御さんも、少しだけ我慢して、ぜひお子さんの受験が終わって一区切りついた後から、思いっきりインテリアを楽しんでください。

4

年齢や状況に応じて役割を変化させることで「集中しやすい環境」をつくる

それでは、どういった家であれば、子どもたちは学習に集中できるのでしょうか。

ここで一番重要なのが、年齢や状況に応じた**「柔軟性」**だと考えています。

年齢・時期によって、勉強の内容も、子どもの体格・内面も、常に変化をしていきます。

変化に対応するためには、家具やレイアウトをカチッとつくり込まず、適切な位置に動かせるよう、持ち物を整理しておくことが重要です。

小学校入学直後の1年生が持つ教科書の量と、中学受験直前の5年生が持つ教科書の量には、とてつもない差があります。

身長だって、6年間で30㎝以上も伸びるのです。

それなのに、小学校入学時のお祝いで買った学習机を、進級後も同じ状態で放置していませんか？

ランドセル置き場や、習い事の道具の定位置は、学年ごとに適切に定められているでしょうか。

忘れ物をしないよう、お子さんと荷物管理について十分話し合いはできていますか。

季節ごとに衣替えを行なうように、同じような頻度で子どもの勉強道具も、入れ替えが必要です。

通信教育で送られてきた教材、もう使わないけれど先生から「とっておくように」と言われたプリント、来期の教材が早めに送られてきたなど、子どもの手元にある教科書・プリントの種類は実にさまざま。

どれもいろいろな事情があって手元に置いておく必要があるものです。

ですから、荷物の定期的な見直しは、リビング学習が中心でも、子ども部屋学習が中心でも必要なのです。

「片付けなさい」と子どもも任せにせず、季節ごとに親が伴走してあげるのがよいでしょう。

「子どもの自主性を重んじたいので、手取り足取り片付けを手伝わないほうがいいのでは？」と思われる方もいるかと思います。

確かに、「子どもがいない間にすべて片付けを完了させる」など、子ども不在で荷物を管理するのは、子どもにとってよくありません。

また、脱ぎ散らかした衣類を子どもにかわって片付けてしまうのも、単なる甘やかしとなるでしょう。

一方で、季節ごとに行なう、「持ち物をすべて整理し、収納するプロセス」は、大人でも技術を習得するのが難しいため、やり方を覚えるまでの期間は、大人が丁寧に伴走してあげる必要があります。

なにしろ、片付けを実技で人から教わる機会は、後にも先にも「幼稚園・保育園」だけ。

それ以降は家庭で教わるしかありません。

そのため、大人になってからも、片付けできる人とできない人とで、能力に差が出てしまうのです。

それを避けるためにも、**少なくともお子さんが小学生のうちは、大人が正しい片付け方法を伴走してあげたほうがよい**でしょう。

「そうは言っても、私自身も片付けが苦手なんですけど……?」という方も大丈夫。

第2章以降で、具体的な進め方を説明していきます。

まとめ

この章では、テスト前に掃除を始めたくなってしまう理由、子ども部屋に対する世論の変遷、インテリア偏重で部屋づくりをしてしまうことの弊害、年齢・状況に応じた部屋づくりの重要性について、お話をしてきました。

少し、理屈っぽく感じる部分もあったかもしれません。

具体的な実践については第2章以降で説明していきますので、この段階でピンとこない内容があった場合も、気にせず次に進んでください。

衣・食・住の「住」部分の大半を占める家づくり。人間の根幹ともいえる住環境ですが、「流行の教育論」や「見栄えのよさ」に気を取られて、家族一人ひとりの暮らしやすさがそこなわれてしまっては、本末転倒です。

もし本章を読んで気づきがあれば、ぜひ家族でディスカッションしてみましょう。

夫婦・親子で、相手にしてほしい行動を箇条書きにし、なぜ相手がそれをしてくれないのか、精神論ではなく「動線」にフォーカスして、対応策を考えてみましょう。

課題

子どもが食後にダラダラとゲームをして、宿題に取り掛かっていない。

【よくない対応策】

・宿題が終わるまで、ご飯を食べさせないようにする

・宿題をすることを約束させて、破ったらお小遣いの金額を減らす

・**ゲーム機を捨てる・壊す。ゲームをしたら大声で叱りつける**

【よい対応策】

・**子どもが食事を食べ終わった後の動線を、観察してメモする**

食事を終える（父親は先に食べ終わっている）↓アイスを冷凍庫から取り、ソファへ（父親がラグマットで寝ているので合流）↓ソファの上に出しっぱなしのゲーム機を手にとる↓そのままお風呂が沸くまでゲームに没頭

・**子ども目線で、動線上での誘惑・めんどくさいポイントを書き出す**

（例）・食器が散らかっている食卓ではなく、ソファでアイスを食べたい

・父親もリビングにいるので自分も行きたい

・ゲームが目に入ったから遊びたい

・ランドセルが子ども部屋にあり、教科書を持ってくるのが面倒

・食後すぐ勉強するとお腹が痛くなるので、少しダラダラしたい

【誘惑を隠し、めんどくささを減らすために、できることを書き出す】

- 食後に食卓をすぐきれいにできるよう、食後は必ず各自がシンクに下げ膳する
- 夫にも協力を要請。食後はすぐソファコーナーに行かず、ダイニングに座ってアイスを食べる・お酒を飲むなどゆっくりする時間を設ける
- 腹ごなしが終わったらすぐに宿題に取り掛かれるよう、ダイニングテーブルのすぐ横にあらかじめランドセルを置いておく
- 食後15分程度は、すぐ勉強を始めると消化に悪いため、ダイニングテーブルのそばにトランプを置いておいて、家族で取り組む（負けた人がお風呂を入れるなどのルールも）
- ゲームはプラスチックケースに梱包し、ソファの上ではなく、棚の中に収納する

【実践、家族で感想を話し合う】

- トランプはつまらなかったが、学校であったことを話したい、など

「目線」の工夫で姉弟揃って東大へ。
米田家の間取り

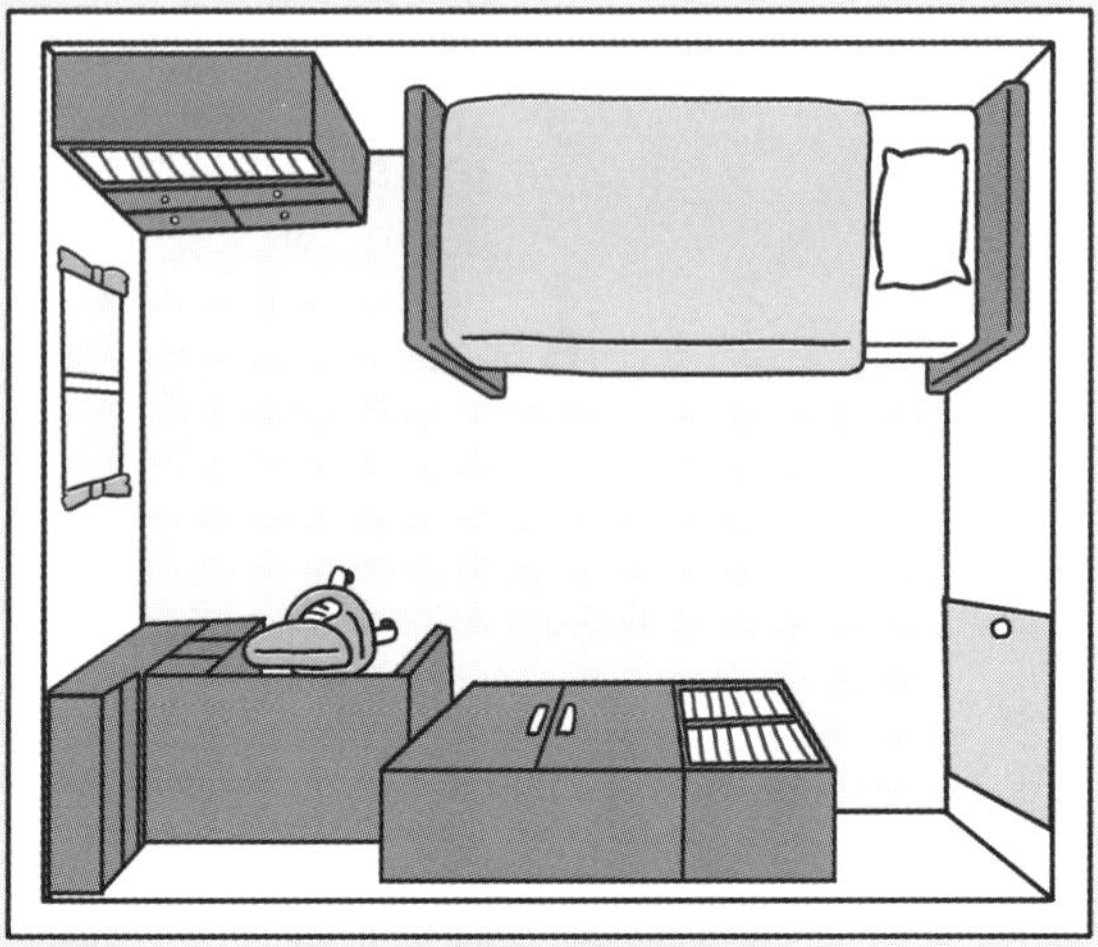

筆者の自室

私と弟が幼少期を過ごした米田家の間取り図を紹介します。

筆者自身が勉強がはかどったポイントは3つです。

間取り　4LDK

家族構成　父・母・筆者・弟（年齢は4歳差）

ポイント

❶個人部屋の勉強机から、キッチンの母の姿がよく見える

私の部屋も弟の部屋も、扉がリビングに面しており、常にドアを開けて過ごしていました。

気配を感じながら、それでいて距離

米田家全体のレイアウト

も近すぎず、ほどよく勉強に集中することができました。

❷ トイレに行く際に、父親の書斎が目に入る

父もドアを常に開けて作業をしていたので、夜に受験勉強をしていてトイレに立つ際に、父の机に向かう姿を目にしてやる気がアップしました。

❸ ダイニングテーブルと学習机の近さ

ダイニングテーブルの自分の座席から、自室の机までは、5歩の距離。食後もリビングのソファでダラダラすることなく、自室の机に向かうことができました。

Q リビング学習はしていた?

A 筆者はしていたが、小学校高学年からは自室がメイン。一方で弟はリビング学習をメインとしていた。

Q 「よくなかったこと」をひとつ挙げるとしたら?

A 筆者は高校時代に参考書が増えすぎて、保管スペースを増やすためにロフトベッドにしたこと。寝心地が悪く、睡眠の質が下がってしまった。

第2章

「勉強に集中できない」は、住環境で変えられる

あー おいしかった ごちそうさま！
さっテレビ 見よーっと
こら 片付けて ない！
もう、誰も片付けてくれないんだから
いい加減 宿題 やりなさいよー
あと 5分！
そーだぞ 勉強 しろよー
パパも寝てるし 寝ーよーうー
せめて お風呂に 入りなさい!!
どいつも こいつも

1 子どもは親の姿を映し出す鏡

「うちの子どもは勉強も運動もできず、どうしようもない」と、人前で平気で子どもを卑下《ひげ》する親。

「私は学歴がなくて苦労したから、我が子はなんとしてでも名門大学に受からせたい」と、子どもに自分の願望を投影する親。

子どもからすると、どちらの姿勢も傷つくものでしょう。

親が勝手に定めたものさしで子どもを評価し、ありのままの子ども自身と向き合っていないからです。

信頼関係が構築できていないまま、「勉強しろ」「成績を上げろ」と命令したところで、短期的には言うことを聞くかもしれませんが、長期的な成長につながることは期待できません。

「子どもは親の姿を見て育つ」と言いますが、それは親自身が子どもの勉強を完璧に見られる能力があることや、学歴自体が高いことが必要、という意味とは全く異なると思っています。

大切なのは**「親自身も本を読む・勉強する姿を子どもに見せること」**と、**「子どもが気持ちよく勉強できるような環境整備に心を尽くすこと」**の2点です。

今回、本書を執筆するにあたり、東京大学の卒業生100人に対し、小学校高学年時代の過ごし方を思い出して回答する形式で、アンケート調査を行ないました（2024年4月、筆者独自で実施）。

アンケートの結果によると、小学校時代、親が自宅で机に向かっている姿を日常的に目にしていた人は全体の約4割。

「親が経理部の所属で、自宅で資格の勉強をしていたことで、自分も経済学部に進みたいと考えた」

「親が研究職で、自宅でよく論文を読んでおり、自分も同じ分野に進みたいと考えた」など、直接的に親の仕事内容から影響を受けた方もいれば、

「親が読書好きだったので、自分も読書の習慣が身についた」

など、趣味の部分でよい影響を受けた方もいました。

親が自宅でテレビ・スマホを見てばかりだったり、会社の悪口ばかり言っているようであれば、子どもも真似してダラダラするのは想像に難くないでしょう。すきま時間を見つけて勉強している親の言葉のほうが説得力は当然増すものです。

しかし、親自身が勉強熱心でなくとも、環境整備のほうに心を尽くすことで、親の思いが伝わり、子どもの勉強に対するやる気がアップするパターンもあります。

先ほどの東大卒100人アンケートでは、「小学校高学年時代、自宅のリビング・ダイニングはどのような状態だったか？」という質問も行なっています。

この質問に対し、約7割の方が「リビング・ダイニングは整理整頓されていた」と回答しています。

一般の方を対象に行なう片付け状況調査では、リビングが整理整頓されている状態だと回答する方の割合は概ね3～4割であることが多い中で、7割という割合は高く、**「東大生を育てた家庭は、リビングがきれいな状態だった」**と言えるでしょう。

自分自身が勉強に打ち込んだり、勉強を教えることはせずとも、「勉強しやすい環境を常に整える」という行動と思いが、子どもにはしっかり伝わっているのだと考えられます。

余談ですが、私の母は幼少期、弟と私に、

「家族の仕事として、家事か勉強か、どちらかを選んで貢献をしていこう」と言っていました。

父は家族のために勉強、母は家族のために家事に打ち込んでいる。子どもたちもどちらか選んで協力しよう、というものです。

家事の苦手な弟と私は、迷いなく勉強のほうを選びました（笑）。

その言葉を聞いてから、親に家事をやってもらえることが当たり前と捉えることがなくなり、家族というチームに貢献するためにも、勉強に打ち込もうと考えるようになりました。

親は子を庇護《ひご》するもの、子どもは子どもらしく過ごす、という形で親子を分断せず、ワンチームで平等に向き合うことが大切なのではないかと、私自身が感じたエピソードでした。

2 間取り・目線の工夫で、子どもの勉強を孤立させない

リビング学習の利点として、

・親の目が届くので安心して勉強に取り組める
・いつでも親に質問ができる
・子どもが隠れてサボることがない

という点があります。

ただしデメリットとしては、

・家族の気配や物音が気になる
・テレビ、ゲーム、兄弟が話しかけるといった誘惑が多い
・自室の学習机と比べて収納スペースが乏しい
・机の高さが合わない

などがあります。

都市部を中心に、住宅価格の高騰や、それに伴う住宅狭小化が進む昨今、住宅メーカー各社からは、リビング学習と子ども部屋をハイブリッドした「子ども用スペース」が提案され始めています。

子ども専用の部屋をひと部屋丸々用意するのではなく、ダイニングの一角を区切った学習ブースや、リビングの一角を区切ったプレイスペース、階段やウォークインクローゼットの一角を活用した、「共有空間内の個人エリア」という考え方がトレンドです。

このハイブリッット型スペースの考え方であれば、新築住宅に限らず、今住んでいる家でも、かつ間取りを大きく変えずとも取り入れることができます。

空間をゆるやかに区切る手法としては、次のページのイラストのようなものがあります。

空間を区切る家具の例

ホワイトボードや
パーテーション
背の高い本棚
つっぱり棒・
カーテン
ラグマット・フェイクグリーン
ソファ

とはいえ、個室として壁で区切られていない以上、防音の観点ではやはり課題があります。

そこで、子どもの受験期に親がテレビを見るにあたっておすすめしたいのが、首掛け式スピーカーです。首にかければテレビの音が聞こえるというもので、直接耳に装着するタイプのイヤホンと異なり、耳を塞がないので長時間の視聴も疲れにくく、子どもから声をかけられてもすぐに反応することができます。

成長にあわせて、間取りやレイアウトを柔軟に変えていくのも、自宅学習を長続きさせるためのコツです。

「個室で勉強してみたが、どうも眠くなってしまうので、リビング横にスペースをつくってほしい」

「受験勉強が本格化してきたので、兄弟で部屋を分けたい」

など、学年ごとに子ども自身のニーズを聞きながら、「今年どこで勉強するか」を決めていきます。

子ども部屋に置かれた学習机があまり使われていなければ、リビングに移動させたり、親が一緒に使ってもＯＫ。

リモートワークの日は、日中は親が机を使い、夕方以降は子どもとバトンタッチしてもよいでしょう。

机の上に荷物を出しっぱなしにせず、好きな時に好きな場所で勉強できる「フリーアドレス式」とすれば、飽きることなく勉強を続けられそうです。

3 親子で本棚を共有しよう

学習机のシェアについて前項で触れましたが、本棚のシェアもおすすめです。

子どもは親が読書をする姿だけでなく、本棚の蔵書からも、多くのことを学びます。

私自身は、小学校3年生の時に脚本家であった祖父が亡くなり、遺品整理の中で脚本の原稿に触れたことをきっかけに、文章を書くことへの興味を持ち始めた経験があります。

前述した東京大学の卒業生100人アンケートでは、小学校時代に親が読んでいて、自分自身も読んで印象に残っている本について調査しましたが、実にさまざまなジャンルの本が挙げられましたので一例を次ページに紹介します。

回答者100人のうち、大半の方が何かしらの本の名前を記入し、特にマンガは多様なタイトルが並びました。

中には、「週刊誌」「レディースコミック」「ホラーサスペンス」など、「小学生の目に触れさせてもいいの？」と一見思えてしまう本を読んでいた方も。

親が読んでいて自分自身も読んだ本（東大生の小学生時代）

歴史関連	・『三国志』 ・「世界の伝記」 ・『ローマ人の物語』（塩野七生） ・『坂の上の雲』『竜馬がゆく』（司馬遼太郎）
算数・理科関連	・「恐竜」「昆虫」図鑑 ・『世界で一番美しい元素図鑑』（セオドア・グレイ） ・『ひらめく！クロスワード』 ・『Newton（ニュートン）』
小説関連	・『きみの友だち』『流星ワゴン』（重松清） ・『ノルウェイの森』（村上春樹） ・『バッテリー』（あさのあつこ） ・『人間失格』『走れメロス』（太宰治）
地理関連	・『地球の歩き方』 ・『ナショナル ジオグラフィック』
社会・哲学関連	・『14歳からの哲学』（池田晶子） ・『トットちゃんとトットちゃんたち』（黒柳徹子） ・『思考は現実化する』（ナポレオン・ヒル） ・『「勝ちぐせ」をつけなさい』（秋庭道博）
マンガ	『ONE PIECE』『ドラゴン桜』『あしたのジョー』『巨人の星』『美味しんぼ』『アタックNo.1』『闇金ウシジマくん』『火の鳥』等、作品多数

子どもに推薦するには子どもらしい本を……と気負うことなく、マンガや雑誌も含めて「どれかに興味を持ってくれればいいか」とオープンマインドに公開することで、子どもの読書人生を変えるような1冊に出会えるかもしれません。

書棚のシェア方法としては、

・リビングに大きめのファミリーライブラリーを設けて、親子で蔵書を共有していたパターン
・兄弟で同じ子ども部屋を使っていて、本棚も共有していたパターン
・親の書斎に子どもが頻繁に質問に訪れていたパターン

など、家庭のレイアウトに合わせてさまざまでした。

また、本はほかのものとは違って、あまり几帳面に整理しすぎず、無造作に並べているくらいのほうが、手軽に手にとりやすいかもしれません。

本を読む子に育てたければ、まずは親自身の読書体験をオープン化していきましょう。

4

本は「いつ・どこで読むか」に合わせて整理しよう

本棚を親子・きょうだい間でシェアすることに加え、子ども自身の本棚を、常に余裕があり、中身もフレッシュな状態に保つことが、読書好きな子どもを育てるコツです。

先ほどの100人アンケートでも、44%が「収納容量の大きい自分専用の本棚があった」、26%が「親・兄弟と本棚を共有で使っていた」と回答。一方、本棚を持っていなかった方は8%に止まりました。

「そんな大型の本棚を入れるスペース、我が家にはないよ……」という声が聞こえてきそうですが、巨大な家具を購入する必要はありません。むしろ、手ごろなサイズの3段ボックスで十分です。

そのかわり、衣替えと同じ要領で、本も学期ごとに入れ替えを行ない、すぐに読まない本は、箱に詰めて押し入れで眠らせておきます。

本棚に並べるべき本は、**「今、子ども自身に30分の時間ができた場合に、開く意志がある本」**。

暇があっても開きたくない本がズラリと並んだ本棚では、近寄るのすら億劫になりますよね。

読む気のない本が常に視界に入る状態だと、図書館や書店で新しい本を手にとる気力も削《そ》がれ、読書欲を減退させてしまいます。

ここで注意したいのが、親ではなく、**「子どもに選ばせること」**です。

私がお子さんの本棚の整理を手伝っていると、「これは私が読んでほしいなと思って……」と、親御さんセレクトの学習参考書が並んでいることもあります。

子どもは電子辞書を使っているのに、分厚い辞書や図鑑が棚の中央に並んでいたり、使い終わった教科書がズラリと並んでいたり。

このように、子どもが読む気のない本で棚を埋めてしまっては、空間自体が死蔵化してしまいます。

原則は学期ごとに、すべての本を棚から出して入れ替えることです。

「先学期、いつ読んだ？　今学期、いつ読む予定？」

という形で、過去の利用実績と、未来の使用予定を聞いていきます。

「今学期、すぐに読む予定！」と答える本は、意外と少ないかもしれません。

使い終わった教科書やノートを本棚に収納している場合で、「念のためとっておきたい」というものは、棚から外し、収納ボックスに詰めて押し入れへ。

次の本棚整理のタイミングまで眠らせておきましょう。

「本は本棚へ」という考え方自体も、見直しが必要です。

大切なのは「本」というカテゴリではなく、「いつ、どこで読むか」。

読む場所のすぐそばに定位置を設けたほうが、1か所の本棚に集めるよりも、読書のハードルが下がります。

参考書のうち、学校の宿題はリビングでやるのでリビング周り、塾の宿題は腰を据えて取り組むので子ども部屋の机周り。

小説はベットサイドのラックに2、3冊積んで、図鑑はソファの横。コミックはお風呂で読むので洗面所、といった形で、本を分散的に配置し、読み終わったら入れ替えるといいでしょう。

一方、「親が読ませたい本」は、子どもの本棚にしれっと並べておいても、残念ながら子どもが自発的に開くことは少ないでしょう。

こうした本は、逆に見栄えよく、リビングにディスプレイしておくことで、自然と読書に誘導できます。

壁に画鋲《がびょう》を刺せるご家庭では、リビングの壁にウォールシェルフを取り付けて、数冊の本を飾ります。

画鋲が使えない場合は、冷蔵庫の壁面に、磁石でくっつくマガジンラックを取り付けてもいいですね。

子どもがソファやダイニングでのんびりしている時を見計らって、親が手にとり、読むのを促すことができます（親御さんがまず読んで、おもしろいと感じたページをピックアップしてあげてもいいですね。それでも興味を持たれなかった場合は、諦めて押し入れにしまっておきましょう）。

5 親の趣味のアイテムで、子どもの好奇心を刺激する

あなた自身の趣味のアイテムは、家庭内のどこに収納していますか？

「子ども中心の生活で、自分の趣味は諦めている」

「独身時代の趣味は、家族に見られるのが恥ずかしくて、実家に眠らせている」という方も多いかもしれません。

しかし、**クリエイティブな子どもを育てるためには、幼少期から親の趣味のアイテムに触れるとよい効果がある**ことが分かっています。

これは、株式会社サマリーで2019年、1都3県の300人を対象に行なった、モノへの愛着とクリエイティビティの関係性についての調査から分かったことです。

この調査では、クリエイティビティを、絵・音楽・ファッションなどの創造経験、新しいことを生み出すことへの興味関心など10の質問によって定義し、クリエイティブなグループと、そうでないグループの間で、モノへの愛着や、家庭環境にどのような差があるかを調べました。

調査の結果としては、

・クリエイティブな人ほどモノへの愛着が強い
・モノへの愛着が強い人は、その親もまたモノへの愛着が強い
・親子で似たカテゴリのモノを愛でる傾向にある
といったことが分かりました。

ほかにも、回答の中には、

「親のレコードを勝手に触っているうちに音楽好きになり、自分も音楽を始めた」

「たくさんの画集が家にあった影響で、イラストレーターになった」

「父親が登山用具を集めていたが、自分も大人になって、同じようにアウトドアグッズを集めていることに気づいた」

など、親の趣味のグッズが子ども自身の趣味になったり、親がコレクターだと子どももコレクターになりやすかったり、職業決定にまで影響を及ぼした事例も多くありました。


「趣味は子育て」と我慢してしまうのではなく、**自分の趣味のモノをオープンにし**

て子どもに触れさせることで、子どものクリエイティビティが刺激されます。

受験勉強に直接役に立たずとも、人生の豊かさという意味では間違いなくプラスになるでしょう。


「自分の趣味は、物置部屋にしまい込んでいる」という方も、あえて子どもが触れやすい場所に、収納方法を見直してみませんか。

寝室やキッチンなどのちょっとしたスペースに、思い出のＣＤや推しグッズを置いてみると、何か変化があるかもしれませんよ（ただし、子ども部屋に勝手に置くのはＮＧです）。

6 同性の親の片付け力が、子どもの片付け力を決める

「いくら片付けてと言っても聞かない。うちの子は注意力散漫なんでしょうか？」

親御さんからよくいただく質問です。

片付けの能力は、（生まれながらではなく）後天的に身につくものですが、学校教育上での実践の機会は幼稚園・保育園以降ないため、大半は家庭内での訓練で身につきます。

そのため、子どもが片付けられないのは、家庭内で片付けを十分に教えられていないことが原因です。

ここでは、家の状態がきれいなのか散らかっているかは問いません。「片付けとは何か」、子ども自身がひとりで実践できるよう、片付けのプロセスについて家庭内で指導がなされているということがポイントです。

仮に家がピカピカに整っていても、母親ひとりですべてやってしまって子どもにやり方を教えなければ、いつまでも片付けの能力は育たないでしょう。

目白大学の研究によると、子どもの片付け行動には、同性の親の関わりの重要度が高いということが分かっています。

母親がひとりで部屋の片付けに努めていても、父親が非協力的で散らかしてばかりの場合、息子は父の姿を見て、「家の中では使ったものを出しっぱなしにしていいのだ」と学びます。

父親の行動を真似し、母親から注意を受けても、「忙しくて片付けができないのは、むしろ格好よい」と開き直ってしまうのです。

息子の片付けには父親の、娘の片付けには母親の、片付けに対する意識を高めることが肝要です。

とはいえ、人に片付けを教えるには、まずは自分ができるようになってから。「親の片付け能力を高めろと言われても、私も片付け苦手だし……」と悲観的になってしまった方、どうか本を閉じないでください‼

次の項では、子どものために、いかに親が片付けを習得すればよいかについてお話しします。

7

親の持ち物を、「全部出し」しよう

片付けのルールは非常にシンプルで、誰でも簡単に習得できるものです。

「全部出しして、頻度で分けて、使いやすい定位置を決める」

やるべきことは、これだけです。

財布で練習をしてみましょう。

まず財布の中身を全部出す。

その中で、直近で使った頻度ごとに、中身を分けていきます。

運転免許証は「毎日使う」、薬局のポイントカードは「月に数回使う」、ほかにもクレジットカード、商品券、レシート、小銭、お守りなど、小さい財布に、たくさんのものが詰まっていたことに気づくでしょう。

頻度ごとに分けられたら、最後に使いやすい定位置を定めます。

運転免許証は、1番取り出しやすいカードポケットに。

ポイントカードやクレジットカードは、スマホのアプリ・電子決済で代替できないか確認。頻度の低いものはカードフォルダに移します。

家計簿用にとっておきたいレシートは、玄関に回収ボックスをつくってこまめに保管。「なるべく財布を軽くする」という目標のもと、定位置を決めていきます。

そして、持っている必要がないと判断したものはゴミ箱へ。

「財布がスッキリしたな」と効果を実感できたら、同じ要領で通勤鞄を整理してみましょう。

お子さんもランドセルを出して、一緒に取り組んでみてもいいですね。

片付けの手法自体は簡単なのですが、モノを全部出して1個ずつ向き合うので、どうしても時間はかかります。

家全体を片付けるのには、「20～30時間」が必要と言われています。

ただでさえ子育てで忙しい時期に、何十時間も片付けのために確保するのは至難の技ですよね。


そこでおすすめなのが、**「子どもが勉強する動線から先に手をつける」**ことです。

リビング学習をしているお子さんであれば、ダイニングテーブル周辺がまず最優先で片付けるべき場所でしょう。

特に、子ども自身の荷物を片付ける前に、まず親の荷物を全部出しすると空間が整いやすくなります。


全部出しの対象は、「散らかっているもの」に限定されません。

食器棚やラックの中身も含めて、**ダイニングテーブル周り半径1mを、とにかく「全部出し」する**ことです。


そしてこの範囲には、原則として、親も子どもも「今月1回以上、必ず使うもの」

以外を置かないことを共通ルールにするのがいいでしょう。

子どもの勉強道具や細々した文具が置けない状態だと、教科書を開くまでの心理的ハードルが上がるほか、勉強を終えた後も出しっぱなしが常態化することでしょう。

「勉強道具の片付けは、親がやってあげればいい」と思った方もいるかもしれませんが、やはり「自分から勉強する子どもを育てる」ためには、自分自身で勉強道具を簡単に取り出せることが必須です。

親のコレクションやインテリア嗜好が原因で、子どもの勉強効率を下げてしまっては、本末転倒ですよね。

特によく見かけるのが、食器棚にズラリと並んだ高級グラス。私がお伺いした家庭で話を聞くと、その大半が「来客用」ということに驚かされます。

子どもの受験期において、1年のうち、果たして来客は何回あるのでしょうか？「来客だけではなく、特別な日に家族でも使っている」という場合でも、誕生日やクリスマスなど、年に数回程度に限定されるでしょう。

生きていると、人から高級な食器をもらう機会が何度かあります。結婚祝い、出産祝い、お土産、親からの譲り受け、果てはゴルフコンペの景品まで……。

高級食器の難点は、割れやすいことです。食洗機でも洗えず、普段使いするには気を遣います。

普段使わない食器をすべて捨てる必要はありませんが、少なくともお子さんの受験が落ち着くまでは、思い出の食器類は、ダイニングテーブルから離れた場所に移して保管しましょう。

収納場所としては、脚立《きゃたつ》にのらないと手の届かないような収納棚があれば、そこが最適です。

単に価格が高いからとっておいているだけであれば、これを機にフリマアプリで売ってしまうのもひとつの手です（箱付きのバカラのペアグラス、フリマアプリ上では1万円前後で売れることもあります！）。

ぜひ受験準備期間は荷物を極力コンパクトにして、環境を整えていきましょう。

8 「片付けようね」では、子どもは片付け好きにならない

子どもが片付け嫌いで、なんとかして片付けに興味を持ってもらいたい。

「片付けて！」と頭ごなしに叱りつけるのは当然よくないとして、子どもに声をかけるだけのコミュニケーションには効果があるのでしょうか？

「そろそろご飯だね。テーブルがきれいだと皆気持ちいいよね。片付けしようね」

親子コミュニケーションとしては満点のように見えるセリフですが、「きれいだと気持ちがいい」「自分は皆が気持ちよくなるように、協力したほうがいい」というふたつの事象を瞬時に理解して協力できる子どもは、相当な優等生でしょう。

普通の子どもであれば、「えー、めんどくさい」と渋ったり、その場しのぎでソファや床に荷物を移し替えることと思います。

年齢とともに片付けを「嫌い・面倒くさい」と捉える人が増える反面、幼稚園児の大半は「片付けが好き」という調査結果もあります。

東京学芸大学の調査によると、3～5歳の園児のうち、8割以上が、「片付け」という言葉に対して前向きな気持ち（「よし、やろう！」という気持ち）を持っているというのです。さらに、「片付けが嫌い」とした園児は1割未満ということでした。

幼稚園・保育園での片付けが楽しい理由を分析すると、次の3つが要因だと考えられます。

①収納のロジックが分かりやすい
②先生と生徒が対等に動く
③音楽が流れていたり、先生が笑顔で、楽しく達成感がある

幼稚園・保育園の収納ルールは極めて単純明快。

ボールはボール入れ、ブロックはブロック入れ。

コップには人数分のフックがあり、ラベルシールで名前も書いてあります。

3歳児の目線からも、どこに、何をしまえばいいのか一目瞭然です。


一方、ご自宅のダイニングテーブル周りは、幼稚園・保育園のように、明確な収納ルールがあるでしょうか?

食後の片付けを家族全員が自力でできるよう、ルールの周知がなされていますか。

明確なルールがないという方は、ぜひ親子一緒にルール設定から取り組んでみましょう。

「親が子どもに片付けるように指示する」のではなく、**「子どもをアドバイザー役として、親子で一緒に片付ける」**ことで、子どもは驚くほど主体的に片付けをするようになります。

幼少期から「ごっこ遊び」が大好きな子どもたちは、先生や親から命令されることは嫌いでも、先生・親の立場で人に何かを教えるのは、喜んでやりたがるものです。

やり方は簡単です。

まず、ダイニングテーブル周りの荷物を、生徒役の親が全部出します。ひとつの荷物に対し、先生役の子どもが、「いつ使ったか？　今後いつ使うのか？」を親に聞きます。

親はそれに答える形でものの分類を進めるのです。

月に1回より使用頻度が少ないものは、別の場所に移すか、捨てるかしていき、月1回以上使うものだけを、ダイニングテーブル周りで定位置を決めていきます。その後、どこに何を置くか分かりやすいよう、子どもにラベルシールを書いてもらって、貼り付けましょう。

例えば、棚の1段目はリビング学習の道具、2段目はテーブルクロスとウエットティッシュ、3段目は菓子・海苔などです。ランドセルの置き場が必要となれば、机の横にフックをつけたり、足元にカゴを置くなど、収納グッズの導入も検討します。

このように、**子ども自身が意思決定に関わった定位置は簡単には忘れづらく、出す・戻すのアクションも自然と身につく**ようになります。

子どもに先生が使うような指し棒を与え、親の回答が曖昧だった場合にはビシっと指摘してもらうと、効果は倍増です。

例えば、親が「この鍋敷《なべしき》は、ほらさ、おばあちゃんが結婚祝いの時に、わざわざイタリアから取り寄せてくれたやつで、その……」等と背景説明をしだしたら、子どものほうから「で、いつ使うの？」と聞いてもらう。親がひとりで取り組むより、俄然《がぜん》片付けが進みますよ。

もうひとつ、幼稚園・保育園から取り入れたい手法があります。

それは、**片付けの時間に音楽を流し、親子平等に手を動かすこと**です。

ダイニングテーブルの片付けなら1分程度の短い曲1曲でいいですし、部屋全体を片付ける際には、お気に入りのアニメやテーマパークのミュージックリストを流しながら、役割分担を平等に決めて、作業を進めます。

親子で楽しみながら一緒に取り組むことで、片付けにポジティブなイメージがつき、ひとりの時間でもすすんで片付けをするようになりますよ。

まとめ

第2章では、勉強に対するやる気をアップさせるために、親がとるべき行動についてお話をしてきました。

「子どもは親の姿を映し出す鏡である」という大きな考え方を前提として、勉強・片付け・趣味すべての分野において、「親が子どもを指導する」という上下関係ではなく、「親の現状をオープンにシェアする」という対等なスタンスをとることで、子どもは自発的に勉強に取り組むのだといえるでしょう。

特に、本棚の項目では、東京大学の卒業生アンケートからは、さまざまなジャンルの本から影響を受けていたことが分かりました。

受験期には勉強に関係のないものは一切禁止し、学習参考書を大量に買い与えるようなイメージを持つかもしれませんが、広い世界を知ることこそが、子どもの成長につながるのでしょう。

親御さんご自身の趣味や経験で、これまで子どもにシェアできていなかったものはないでしょうか。

思い出話を親の口から語るのもいいのですが、「モノ」があると、子どもはより自由な切り口で興味を巡らすものです。

あなた自身の荷物を棚卸ししながら、子どもに受け継げるものがないか点検しましょう。

子どもも興味がないのであれば、フリマアプリ出品を一緒に手伝ってもらってもいいですね。

【親の荷物管理　チェックリスト】

- □押し入れに、引っ越してから「開かず」の段ボールはないか？
- □自分の実家に、学生時代からの荷物を、放置していないか？
- □物置部屋に、普段使わない荷物を、溜め込んでいないか？

「親の趣味の品に触れさせるといい」とお伝えしましたが、親の趣味のものばかりでリビングを占領したり、目につくところに飾るのは、子どもの勉強・リラックスの妨げになるのでNG。

親の書斎やキッチン、ガレージなど、子どもの動線上邪魔にならない場所にさりげなく、「たまに目に入る」くらいの位置に置きましょう。

「子どもとの思い出を集めるのが趣味」という方も、集め方には注意しましょう。なんでもかんでも捨てられずとっておくという形では、スペースを圧迫しますし、悪い保管状態で詰め込んでいては子ども自身もあまり嬉しくはないでしょう。

制作者の子どもの目線から見れば、「大切だ」と思うものと、「どうでもいい」と思うものは、濃淡がはっきり分かれるものです。

安全に保管できるケースをひとつ確保して、学期ごとに何を保管し、何を手放すか、子どものアドバイスも借りながら選別をしていきましょう。

姉弟で子ども部屋をシェア、家庭内で多拠点学習！Aさん家の間取り

2歳違いの姉弟で、都内有名私立中学の受験に揃って成功した、Aさん家の間取りです。

超難関私立女子中学に合格し、その後東京大学にも現役合格された、お姉さんに話を伺いました。

間取り　2LLDK

家族構成　父・母・姉・弟

ポイント

❶本棚で空間を区切り、姉・弟で部屋をシェア

部屋数に限りがあったので、約10畳の部屋の中央に本棚を置き、弟と私で部屋を区切って使いました。

自室ではイヤホン等を使って静かに過ごすルールだったので、双方の受験期も特にトラブルはなかったです。

Aさん家全体のレイアウト

❷勉強スペースは家の中に全4か所。多拠点を科目と気分で使い分け

それぞれの場所を使うタイミングは次のように分かれていて、そこで使う教材はそれぞれの場所に収納していました。

・自室の机：主に塾からの帰宅後や土日などに、集中して塾の宿題や過去問を解く時

・ダイニングテーブル：朝ご飯の前と、帰宅から通塾までのおやつの時間に、計算問題・漢字ドリル・一問一答問題を解く時

・リビングテーブル：父・母に勉強で質問をしたい時

・PCデスク：パソコンを使った調べ物、学校の宿題をする時

多拠点を使い分けることで、弟と私のテスト時期がかぶっても、トラブルになることはありませんでした。

第3章

「集中できる学習空間」をつくる10か条

小1から子ども部屋はつくってるんだけど…
ドーーン！
これじゃほとんど物置だわな
塾行ってこよー
ちょっとは部屋も片付けてよね
ポーイ
30分後——
塾のテキスト忘れちゃって戻ってきた
んも〜〜〜!!

1 子ども部屋の要素は40年前から進歩していない？

「子ども部屋の絵を書いてください」と言うと、多くの方の頭に思い浮かぶのが、国民的アニメ『ドラえもん』に登場する、のび太くんの部屋ではないかと思います。

窓に向かった子ども用の学習机に、おもちゃや教科書を収納する大きめの棚。アニメの放送が開始されたのは1979年で、今から40年以上前のこと。

昨今では布団よりもベッドで寝る子どもが増えているかとは思いますが、部屋の雰囲気は、のび太くんの部屋と大きくは変わらないのではないでしょうか。

しかし、『ドラえもん』の放送開始から40年以上が過ぎ、子どもたちを取り巻く環境も様変わりした今、子ども部屋の構成要素が40年前と同じでよいのでしょうか。

本章の10か条を見ながら、「子ども部屋像」をアップデートするとともに、集中できる学習空間をつくっていきましょう。

第1条 「リビング学習」よりも、「リビングでも学習」

「東大生の8割は、リビング学習をしている」ということはすでにお話ししましたが、この数字は果たして本当なのでしょうか？

ここでも、筆者独自で行なった、東京大学卒業生を対象とした100人アンケートをもとに確認してみましょう。

次に挙げているのは、アンケートの質問項目のひとつです。

Q．小学校高学年の時、勉強や読書（マンガ除く）をしていた場所を「すべて」回答してください（複数回答可）。

□学習部屋
□リビング
□ダイニング

□親の書斎
□風呂（※壁に貼った暗記用シートを読む、等も含む）
□トイレ（※壁に貼った暗記用シートを読む、等も含む）
□廊下、押し入れなど、自宅のそのほかのスペース
□学校の自習室・図書室
□塾の自習室・地域の図書館

この質問に対して、回答した73％の方が「リビング・ダイニング」と回答をしていました。

筆者の調査が「小学校高学年」に期間を絞っており、回答者の中には「小学校低学年ではリビング学習をしていたが、高学年では自室での学習に変化した」という方も複数いたため、「東大生の大半はリビング学習をしている」という説は正しいと言えます。

一方、筆者の行なったアンケートでの同じ質問に、「個人の学習部屋」と回答し

小学校高学年の時、勉強や読書をしていた場所を「すべて」回答してください（複数回答可）

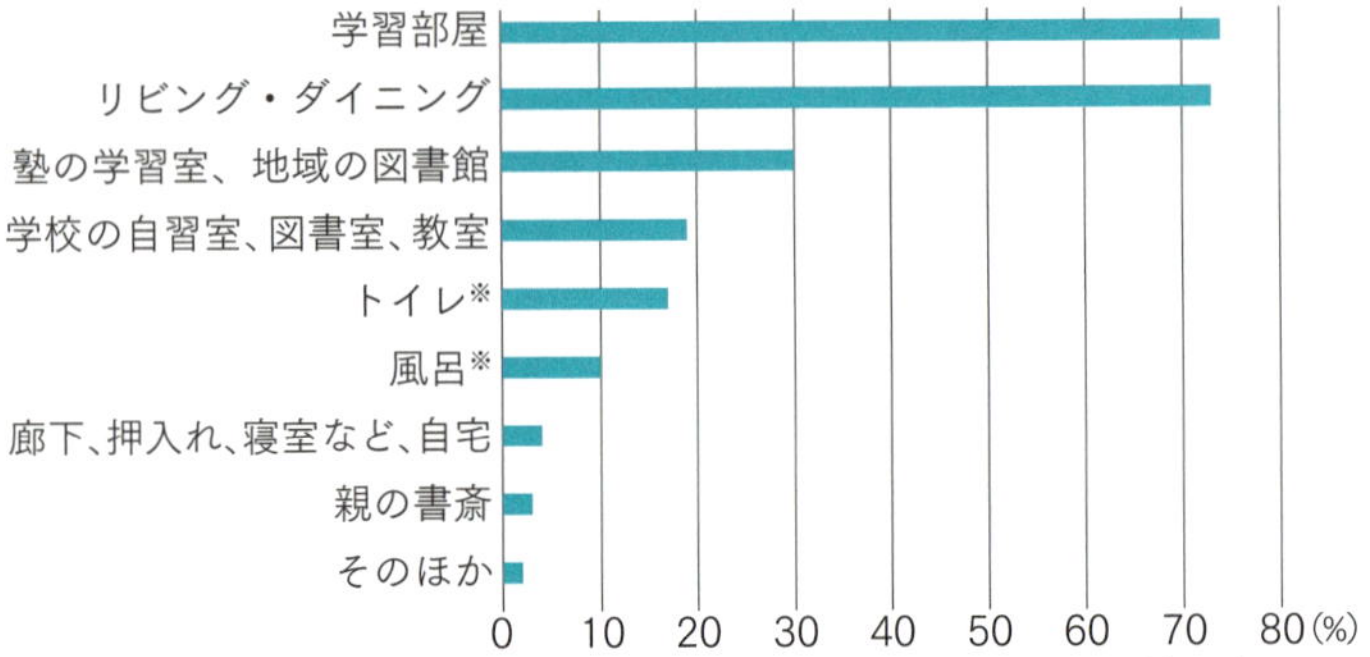

※壁に貼った暗記用シートを読む等も含む

た方は、全体の74％。

「リビング・ダイニングのみで、勉強・読書をしていた」方は、全体の20％に止まりました。

つまり、**半分以上の方が、リビングでも、個人部屋でも、学習をしていた**のです。

（「あれ？　数字の合計が100％を超えている？」と思われた方、アンケートでは、普段勉強・読書をしていた場所を「すべて」答えてもらう形式としています）

このように、東大生を育てた家庭での学習場所を見ていると、多くの方が「多拠点」で学習をしていることが分かりました。

リビングに限らず、個人部屋以外に複数の学習スペースをつくっており、学習拠点の数は、ひとりあたり平均で「2・6か所」となりました。

リビング・ダイニング以外の拠点としては、お風呂やトイレに暗記シートを貼ったり、親の書斎で勉強したり、廊下や押し入れの一角を使ったりと、家庭内のさまざまな場所で勉強をしていたことが分かりました。

ちなみに、「塾の自習室・地域の図書館」等、家の外でしか勉強をしなかった人は、100人のうちわずかふたり。

小学校時代の家庭学習の大切さについても改めて考えさせられました。

このように、**「学習しやすいスペースが複数あること」が、子どもがすすんで勉強をするポイント**です。

個室が設けられない場合も、兄弟間・親子間で空間をシェアすればOK。

実際、１００人アンケートでは、東大生を育てた家庭の24％が、「兄弟で共有の部屋が与えられていた」と回答しています。

また、「リビング・ダイニングのみで学習していた」方の多くが、「リビングの一角に学習机を置いて、自分用のコーナーを設けてもらっていた」としています。

つまり**学習空間は、個室でも、家族と共有でも、リビングの一角でも、どこかにあればよい**のです。

年齢によっても、学習部屋のニーズは変わります。

１００人アンケートでは、「学習部屋を持っていた」人の中で、どの時期から学習部屋での勉強が中心になったかを尋ねたところ、結果は次の割合になりました。

・小学校１～２年生：10％
・小学校３～４年生：29％

・小学校5〜6年生：29％
・中学生以降：31％

こう見ると、人によってかなりバラつきがあることが分かりますよね。

また、第1章章末で紹介した私の実家や、第2章章末で紹介したAさん家のように、同じ間取りでも、兄弟間で学習部屋の使い方は大きく差が出ることが分かります。


「子ども部屋を与える・与えない」という2択で考えるのではなく、

「小学校高学年から、そろそろ実験的に部屋をつくってみようかしら」

「親だけの書斎にせず、昼は親がリモートワークに使い、夜は子どもに使わせよう」

など、学年によって柔軟に組み換えるのがよいでしょう。

第2条 集中力キープには、机と椅子の「高さ」が肝

個屋に続き、学習机も、必ずしも子ども専用のものを買う必要はありません。

先ほどの東大卒業生へのアンケートでも、15%の家庭で、親や兄弟からのお下がりの机が使われていました。

サイズさえ合えば、親のオフィスデスクのお下がりを使ってもよいでしょう。

ただし、私がここで警鐘を鳴らしたいのが、**「高さの合わない机で、長時間勉強をさせないこと」**です。

小中学生の身長は、毎年5〜10㎝のペースで伸びていきます。

体に合わない机・椅子で勉強をしていては、集中力が続かないのは当たり前。

大人でも、踵《かかと》の浮いた状態で仕事をしただけで、1日で「バーンアウト」（燃え尽

き症候群）に陥るとする実験結果もあるくらいです。

無理な姿勢を続けると、骨格の歪みにもつながりかねません。

少なくとも毎年1回は、お子さんの身長と、机・椅子のサイズがあっているか点検しましょう。

ちなみに、経済産業省が定める日本工業規格（ＪＩＳ）では、身長ごとに適切な机面・座面の高さが定められていますので、参考にしてみてください。

特に気をつけたいのが小さいお子さんのダイニングテーブルでの学習です。

例えば、身長１３５㎝の子どもに適切な机面の高さは58㎝ですが、一般的なダイニングテーブルの高さは72㎝前後。

どんなに姿勢矯正グッズを使っても、机面と座面の差尺（間の距離）が合わない状態では、姿勢が悪くなるのは当たり前ですよね。

子ども用椅子と机の適合サイズ一覧
（新JIS規格に基づくJIS S 1021）

号数	1号	2号	3号	4号	5号
標準身長（参考）	105cm	120cm	135cm	150cm	165cm
机面の高さ	46cm	52cm	58cm	64cm	70cm
座面の高さ	26cm	30cm	34cm	38cm	42cm

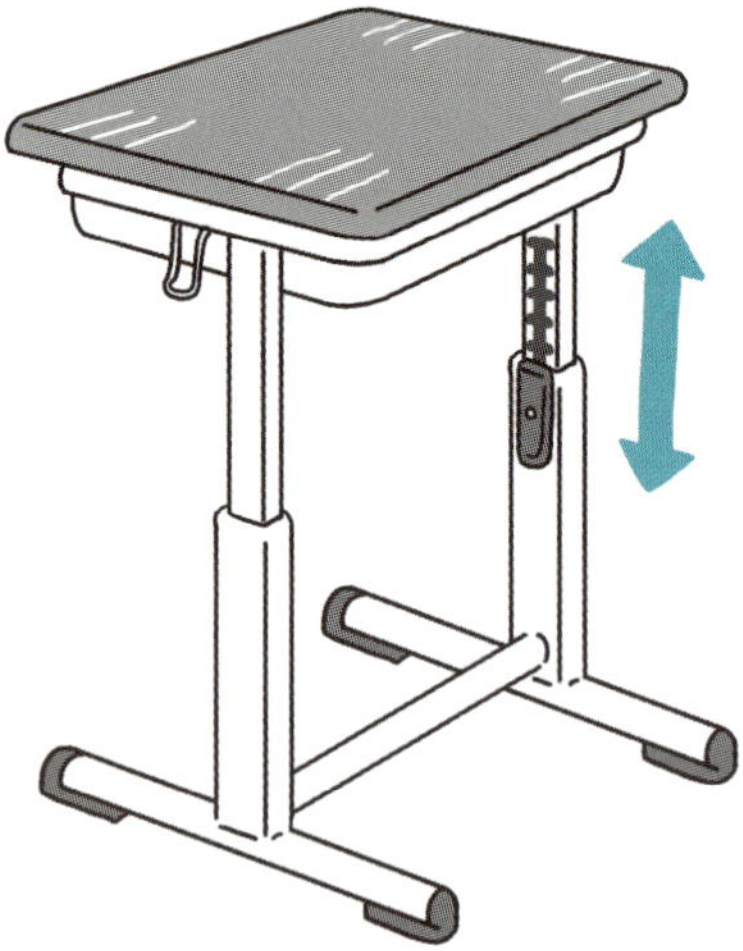

懐かしの学校机を家用に購入する方も増えています。インテリアさえ気にしなければ、スペース効率は抜群！

机の高さを動かせない場合は、高さの変えられる椅子と足置き台を設置して、身長通りの高さになるよう調整をしましょう。

同じ理由から、ちゃぶ台学習も、30分以上続けるのはおすすめしません。

高ささえ体にあっていれば、小ぶりな机でも勉強ははかどるもの。

1畳分のスペースがあれば、学校用デスクはどこにでも置けますので、体にフィットした学習スペースを家庭内で複数用意してあげましょう。

第3条 机の上に、モノは一切置かない

「作業場所は、デフォルトでモノがゼロの状態を目指す」というのが、私の提唱する片付けの基本です。

デスク、ダイニングテーブル、洗面台、キッチンの作業台など、あらゆる作業台を「ゼロ」の状態にすることで、作業に取り掛かるまでのハードルが下がり、作業のスピードが格段にアップします。

作業後の掃除も楽になり、常に衛生的です。

よく使うものは浮かす・吊るす、使用頻度の低いものは棚から取り出すことを基本として、「きれいに並べること」ではなく「モノをゼロにすること」を目指します。

子どもの学習机も、これと同じです。

辞書や文房具、教科書・ノート、雑貨・写真立てなど、子どもの心理としてはあれこれ机の上に並べたくなるものですが、一度すべての荷物を出してみて、「ゼロ」の状態をつくってみます。

好きなものに囲まれたがっていた子どもも、ゼロの状態で宿題をしてみれば、間違いなく、勉強のしやすさを実感できるでしょう。

なぜなら、塾の自習室も学校も、机の上はいつでも「ゼロ」の状態にあるものだからです。

机の上をゼロにするために大切なのが、机の真横に収納棚を置くことです。

大きな本棚でなくとも、3段ボックスや、可動式ワゴンなどでも大丈夫です。

毎日使うペン立ても教科書も、棚から取って、使い終わったら棚に戻し、机の上は常にゼロ状態をキープします。

昨今の学習机では、机自体に収納を備えた高機能な机も増えています。

据え付けの収納が使いこなせている場合は問題ないのですが、おもちゃ置き場になっていたり、ほとんど読んでいない

本が並んでいるだけという場合には、思い切って取り外してしまうのも一案です。大半の机が、ネジを外せば収納棚を取り外せるかと思いますので、購入先のメーカーの取扱説明書をご確認ください。

本・教科書の背表紙というのは思いのほか視覚刺激が強く、ズラリと参考書が並んでいると、それだけで圧倒されて机に向かう気力が落ちてしまいます（大人も、資格試験の教材や積読の本が並んだデスクでは、仕事の集中力が落ちてしまいますよね）。

同じ理由から、トロフィーや受賞の盾などをよかれと思って学習机に飾るのも、作業の邪魔になるでしょう。

飾りたい場合は数を絞って、リビングや寝室など、勉強中の視界に入りにくい場所に移します。

Before：机の全面に、文具や雑貨、ノートなどたくさんのモノが……

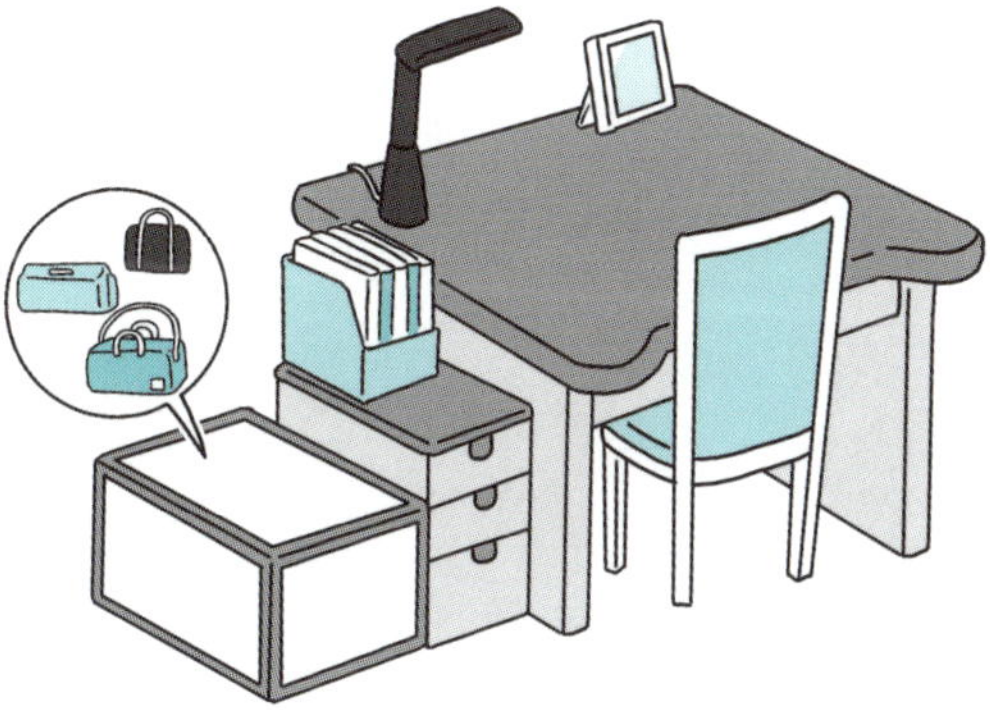

After：机の上はライトと時計だけで、スッキリ！

第4条　机の下に置くワゴンは不要

お子さんの学習机の足元に、「ワゴン」はないでしょうか。

多くの学習机に購入時からついているワゴンですが、このワゴンが、子どもの集中力を削ぐ原因になっていること、皆さんお気づきでしょうか。

ピンとこない方は一度、1時間ほど、子どもの学習机で作業をしてみてください。「足」が最初に凝ることに気がつくと思います。

ちなみに、この「学習机の足元にワゴン」という風習自体、日本特有のものと思われます。

海外の検索エンジンで子ども用の机を画像検索しても、ワゴン付きのデザインは全くヒットしないのです。

身長が高くなり始めた男の子や、スポーツ・外遊びが好きな活発なお子さんにとって、「足を自由に動かせない」ことは、死活問題です。

先ほどの条件で、「足がつかない状態で長く勉強するのはよくない」と書きましたが、ここで注目しているのは「足の置き場の狭さ」です。

ワゴンを入れたまま勉強をしていると、机の下の面積の半分に、足を納め続けなくてはなりません。

足が動かせずに血流が悪くなり、しびれを切らして机から離れてしまうのです。

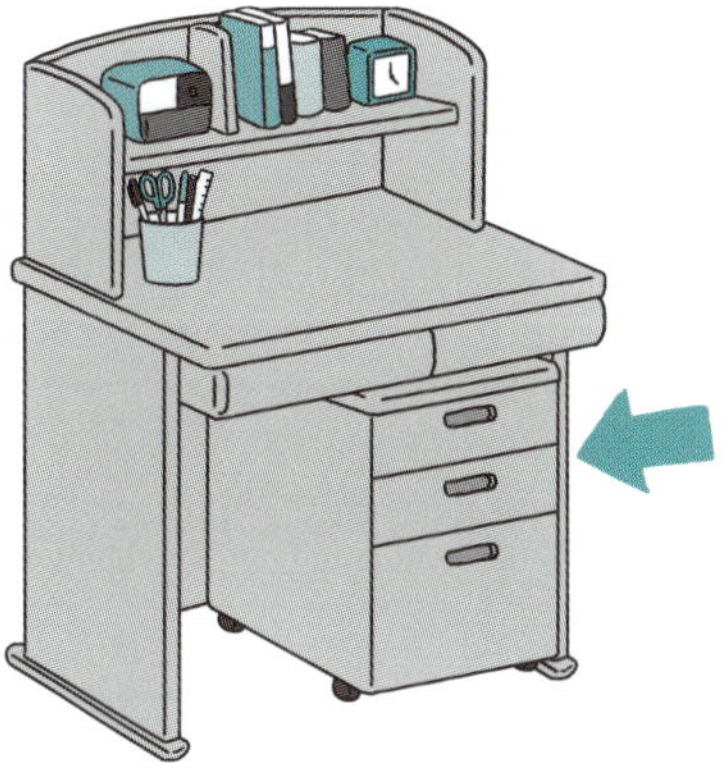

ワゴンとは、このような机の下に収まっている、可動式の棚のことを指します

学校の机や塾の自習室でも、大抵足は自由に伸ばすことができますよね。
ワゴンは可動式で取り出せるものが大半なので、机の下には置かず、ベッドサイドで活用するのがよいでしょう。

ここで、「なぜベッドサイド?」と思われたかもしれません。引き出し式のワゴンは、取り出しにかかるステップ数が多い（かがむ、両手を使って引き出す、引き出しを閉じる）ため、勉強中に教科書や文房具を出し入れする際にはあまり便利ではありません。

おすすめの使い方は、勉強以外の、子どものコレクションケースにすること。アクセサリーや雑貨、友達からの手紙など、勉強以外のアイテムを学習机に収納している子どもも多くいますが、子ども部屋の中でも、勉強に関わるものと、それ以外のもので、明確にゾーンを分けることが、勉強の集中力を高めるコツとなります。

そのため、趣味のものはワゴンに入れて、ベッドサイドなどに保管しましょう。

第5条 机は壁向き＋横目に家族の気配を

皆さんのお子さんの学習机、窓のほうを向いていないでしょうか？
視覚刺激が集中に与える影響は大きいですが、特に「動くもの」が目に入ると、つい勉強の手が止まってしまうものです。

窓向きは飛行機や雲の動きが気になって気が散りやすいため、避けたほうがいいでしょう。

それ以外にも、採光のコントロールが難しかったり、夏場・冬場の温度調整が難しいというデメリットもあります（アニメ『ドラえもん』に登場するのび太くんの部屋も、机が窓に向かっていて、のび太くんが上の空で外を眺めているシーンがよく映されていますよね）。

リビング学習をする際も同様に、部屋の中ではなく壁に対して視線が向くよう、座る位置を工夫しましょう。

兄弟が遊ぶ様子や、テレビの画面が目に入ってしまうと、すぐに集中状態は分断されてしまいます。

レイアウト的に壁を向くのが難しい場合は、机に立てるタイプの手元用パーテーションを使って、視界をコントロールしてもよいですね。

では、視界に何も入らないのがよいのかというと、そうとも言い切れません。「ひとりきりの子ども部屋より、親の気配があるリビングのほうが、安心して勉強できる」という子どもも多いように、「家族の気配」が集中力を保つのにプラスに働くことも大いにあるでしょう。

ポイントは、**「横目に気配を感じる距離感」**です。

ダイニングテーブルで親子向かい合っての作業は、お互いに目線が合ってしまい、見守りというより監視に近い状態です。

キッチンに立つ親と、ダイニングテーブルに座る子どもであれば、直接目は合わず、それでいて気配は感じとることができます。

何かあれば席を立たずに話しかけられるという状態も、子どもにとっては安心感があるでしょう。

このような、「子どもがひとりぼっちにならない工夫」はほかにもいろいろあります。

例えば、子ども部屋で勉強する場合も、なるべくドアは開けっぱなしにする。

子ども部屋の位置をなるべくリビング・ダイニングに面した部屋にする。

兄弟や親子間でスペース・本棚をシェアして交流の機会をつくる。
扉をガラス素材にするなど、さまざまな工夫を間取りからしていくといいですよ。

余談ですが、私の幼少期の子ども部屋は、ダイニングの真横にあります。ドアは常に開けっぱなしにしていましたが、デメリットはテレビの音が気になってしまうことでした。

親に協力してもらい、勉強中にテレビをつける場合は洋画やメジャーリーグ、クラシック音楽など、日本語を含まない番組を選んでもらっていました（受験期には父親が、字幕の文字のみで漫才のショーレースを見ていて、少し申し訳なくなったことを覚えています）。

第6条　ポールハンガーは、子どもではなかなか使いこなせない

ランドセルや帽子をさっと掛けられて便利そうに見え、デザイン的にかわいいものも多いポールハンガー。

子ども部屋に置いている家庭も多いのではないでしょうか。

ポールハンガーに代表される「ひっかける収納」は、几帳面な大人の場合は便利なのですが、子どもで使いこなせている家庭は、残念ながら私はほとんど見たことがありません。

例えば、外出から帰って手を洗うまでの間、買い物から帰ってひと段落つくまでの間など、床に直接置かずにしばらく掛けておくのに便利なグッズです。**ひっかける収納の用途はあくまで「仮置き」です。**

ところが、片付けに関心の低い子どもからすると、「いつ本来の荷物の定位置に戻すのか」が分からず、一度ひっかけたものが延々とかけっぱなしという状態が続きます。

時間が経つにつれ、衣類やら鞄やら、ありとあらゆるものがひっかけられ、カオスな状態に。

やがてハンガー自体がひっくり返って、ようやく整理がなされる、ということも珍しくありません。

ランドセルや道具箱など、学校から持ち帰った道具の収納場所は、ポールハンガーではなく、専用の棚にしましょう。

机や棚の横に頑丈なフックを取り付けて、ランドセルの定位置とするのもいいですよ。

雨に濡れてしまった衣類や、汗を乾かしたい帽子は玄関で乾かし、子ども部屋には持ち込まないようにするのが吉です。

ポールハンガー以外でも、子ども部屋の片付けを手伝っていると、「明らかに子ども向けと思われる、かわいいデザインの収納グッズ」をよく目にします。

宝箱のようなケースに、色とりどりの引き出しがついた収納棚。

親子ともに、店舗で見るとつい、「かわいい！」と心惹かれてしまうのですが、いざ使ってみると大きさの割に収納容量が少なかったり、出し入れが硬い・何を入れればよいかよく分からないなど、使いこなせないケースが多々あります。

子どもが使いこなせていない収納グッズを買い換えてあげるのも、親の役目です。

学期ごとに子どもの荷物の点検を行なう中で、中身をほとんど取り出していない収納グッズがあれば、子どもに思い入れのほどを聞いてみます。

引き出し多数の収納棚。髪ゴムくらいしか入らない？

グッズ自体に対する子どもの愛着が強ければ、手紙や写真など思い出のものを詰めて、押し入れなどあまり手の届かない場所で保管しましょう。

愛着がなければ、潔く手放して買い替えします。

買い換える場合は、「子ども専用」のグッズを買うのではなく、大人でも汎用的に使えるメーカーの商品を選ぶほうがよいでしょう。

第7条　学習スペースの壁に、貼ってよいもの・悪いもの

「机は壁に向けたほうがよい」と前項でお伝えしましたが、では「壁」にはどのようなものを貼ればよいのでしょうか？

日本地図や頻出漢字表を貼れば、暗記がはかどるでしょうか？

最近では通信教材や、学習塾のテキストの付録として、壁に貼りやすいようラミネート加工された、算数の公式や歴史年表のグッズも出ていますよね。

確かに、頻繁に目に触れることで、表自体を暗記できるという効果はあります。

一方、むやみに情報を貼り付けていると、勉強中、常に視覚刺激が入り続け、目の前の勉強に集中できなくなってしまう恐れもあります。

もしお子さんの学習スペースの壁中に暗記用のプリントを貼っている、成績表や賞状で壁を埋めているという場合は、文字情報によるストレスがかかるリスクを今一度検討してみてください。

先ほどの東大の卒業生100人アンケートでは、学習部屋を持っていた人を対象に、壁に貼り付けていたものを尋ねましたが、最も多かったのは「カレンダー」の34％。

次いで、趣味の写真・ポスターが31％、何も貼っていない人が33％となりました。

印象的だったのが、**学習部屋に暗記用のシートや地図を貼っていた人が、思いの**

ほか少なかったことです。

手元の教科書や参考書から多くの情報を得る学習部屋においては、「情報の貼りっぱなし」ではなく、「気になった時にだけサッと取り出せる」よう収納を心がけるほうが、脳の負担を軽くすることができるのです。

第8条　リビング・トイレなど、学習スペース以外に置くべき学習アイテム

学習部屋の壁はシンプルでしたが、100人アンケート回答者の家庭では、学習部屋以外のさまざまな場所に、学習にまつわる情報が散りばめられていたのが印象的でした。

場所ごとに紹介していきましょう。

リビング

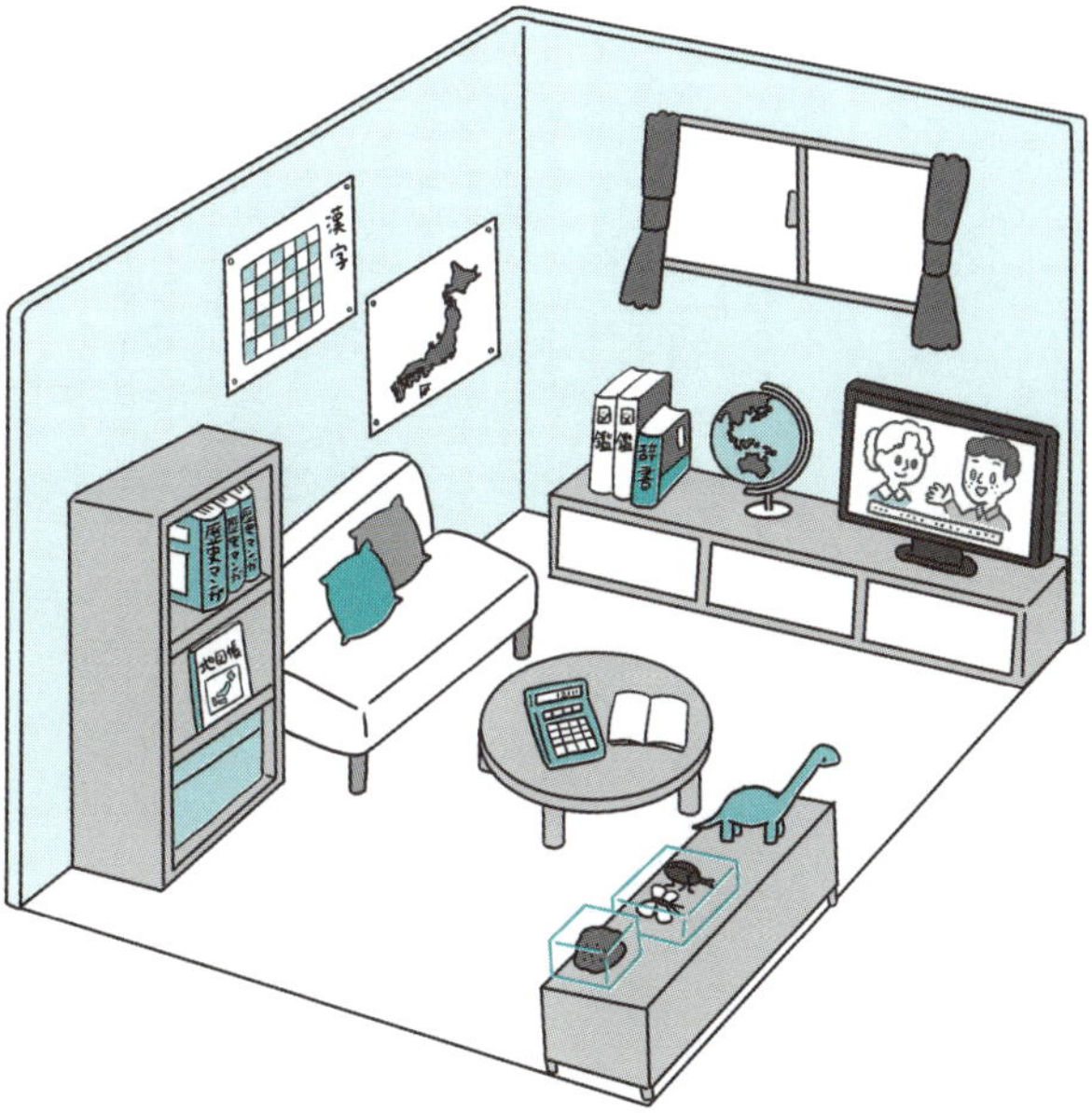

- ソファ横の棚に歴史マンガ、地図帳があり、愛読していた
- 壁に日本地図、頻出漢字一覧表が貼られていた
- ちゃぶ台に大きな電卓が置かれていて、遊び道具にしていた
- テレビの周りに、辞書・図鑑・地球儀があり、テレビを見ながら調べ物をした
- 恐竜のフィギュアや、化石、昆虫標本が飾ってあった
- テレビから海外ドラマ（英語・字幕付き）や、時代劇がよく流れていた

ダイニング

- 透明のテーブルマットの中に、世界地図が挟まれていた
- ホワイトボードがあり、なんでも好きなことを書き込めた
- いつも新聞がテーブルの上に置かれていて、親子で読んだ
- 将棋・パズルゲームが手の届くところにあった
- 毎朝取り組む問題集とタイマーが置いてあった

トイレ

- 壁に世界地図、暗記用プリント（四字熟語、英語など）が貼ってあった
- NASA発行の天体イベントカレンダーが貼ってあった
- 歴史の本が置いてあった

風呂

- 防水の暗記シート（地図・漢字・算数など）が貼ってあった

寝室

・壁に世界地図が貼ってあった
・父の天体望遠鏡があった

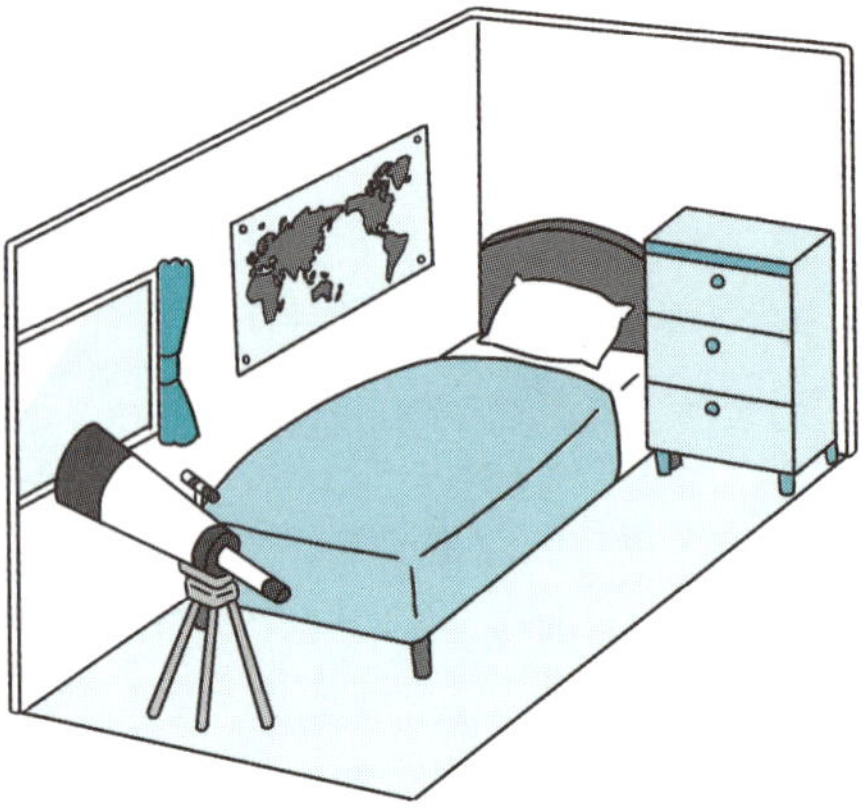

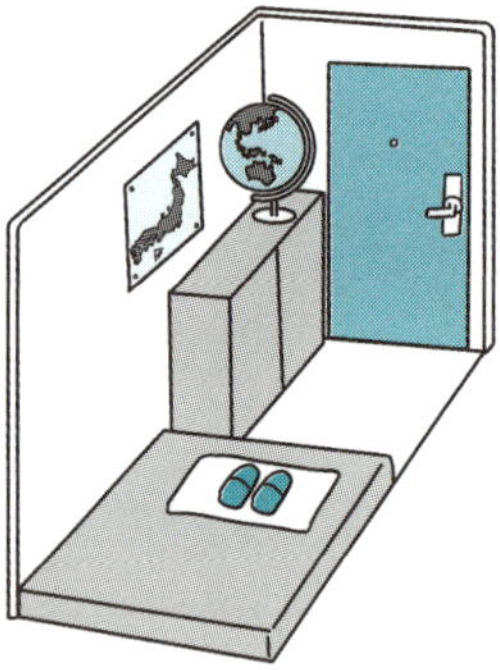

玄関

・日本地図と地球儀が飾ってあった

車

・年号を覚えるCDが流れていた

こうしてまとめてみると、自宅のさまざまな場所に、地図や漢字一覧表が貼られていたことが分かります。

「学習スペースの周りでは、ストレスをかけないよう視界をスッキリさせる。一方でリラックススペースでは、視覚から情報を入れる」というメリハリが、常に勉強に対してアンテナを立てられる子どもを育てたと言えるでしょう。

中には「『六法全書』がリビングの目立つ場所に置いてあり、内容は分からなかったが、大人の世界の厳しさを学んだ」という回答も（笑）。「あなたの教育のために貼っているのよ！」という姿勢ではなく、「親も、子どもも、家族で学ぼう」というフラットな姿勢が望ましいですね。

とはいえ、学習用の暗記シートは、お世辞にも「おしゃれなデザイン」とは言えないものも多く、リビングに貼り付けるには抵抗があるかもしれません。しかし、お子さんの受験期などの大切なシーズンに限っては、インテリアは一旦お預けとするのがよいでしょう。

ただし、アンケート回答者の中には、一部「勉強に関わるアイテムは、学習部屋に集約させ、メリハリをつけたのがよかった」と回答した方もいました。記載した事項はあくまで各家庭の例なので、全部一気に試すのは明らかに過剰です。

また、親主導でそこかしこに暗記シートを貼ってしまうと、子どもがプレッシャーに感じてしまう可能性もあります。

まずはお子さんとも相談しながら、1か所から試してみてください。効果が感じられれば2か所、3か所と増やしていくのもよいでしょう。

第9条　教材・プリントを、親主導で整理しない

学校で配布される教材・プリント、通信教材。

塾に通っている場合、何種類ものテキスト、ノート、プリント、小テスト、模試

小学校高学年の時、親はあなたの教材・プリントを、どの程度整理していましたか？

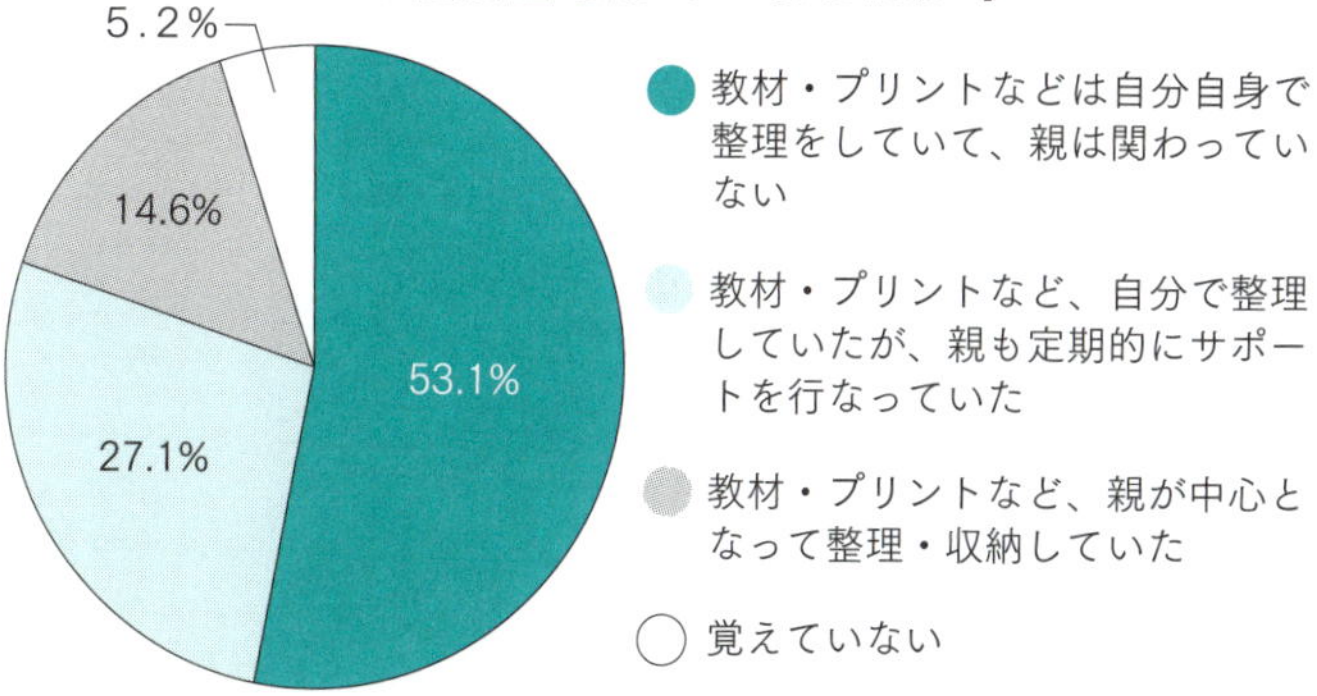

……と、膨大な紙類が自宅に流れ込んできます。

特に中学受験期は、紙の管理の重要度も高まり、「プリント整理は、母親の仕事です」と断言する受験メソッドまであるくらいです。「子どものプリントを整理しきれない」という相談を、私もよくいただくことがあります。

東大生を育てた家庭では、子どもが小学校高学年の際、どのように教材・プリント整理を行なっていたのでしょうか？

100人アンケートの結果では、案外、親主導ではなく子ども中心で整理がなされていたことが分かりました。

回答者のうち53％の方が「教材・プリントなどは自分自身で整理をしていて、親は関わっていない」と答えています。

「自分で整理していたが、親も定期的にサポートを行なっていた」という人も含めると、約8割が自分で整理を行なっていたことが分かります。

「親が中心となって整理・収納していた」と回答した人は約15％に止まりました。

中学受験競争の加熱もあり、年々、プリントの量は増えているでしょうから、「子どもに完全に任せて親は関わらないほうがいい」とは思いません。

しかし、「プリント整理は親の仕事」と気負いすぎてしまうと、子どもの情報整理の力が育たず、勉強の計画を立てる能力も育たなくなってしまいます。

私は、勉強の半分は、情報整理にあると考えています。

膨大に散らばった情報を、頭の中で体系立てて、自分の目的に合う形でまとめる作業は、プリント整理ともよく似ています。

自分が手元に持っている情報は何で、今日向き合うべき課題は何なのか。どの順番で取り組めば、設定されている課題をクリアできるのか。

手を動かして整理した人にしか、整理の能力は身につきません。

親がすべてお膳立てしてしまうと、子どもの年齢が上がり、学習のレベルが上がったところで、親子でお手上げとなってしまいます。

とはいえ、プリント整理の工程は複雑です。「整理しなさい」と命令するだけで、子どもがひとりで身につけられるとも限りません。

「子ども主導での整理」という軸はぶらさずに、親が整理の方法を教えてあげたり、定期的に伴走することで、自然と「自分で情報整理ができる子ども」に育つことでしょう。具体的な伴走の仕方は、第4章で詳しくお話ししていきます。

第10条 部屋を散らかしていても、大目に見てあげる

前項で「勉強の半分は整理である」と言ったばかりなので、「子どもが片付けをすることが大切なのではないの？」と混乱されたかもしれません。

確かに学習空間を整理整頓していることは、学習効率を高める上で重要で、特に「何を勉強するか」に関わる教材・プリント整理は子ども主体で行なうべきです。

しかし、リビング、寝室など、学習に関係しない場所については、片付けをさぼっていても、どうか大目に見てあげてほしいのです。

100人アンケートでは、前項で紹介したプリント整理は自分主導で行なっていた方が大半でしたが、部屋全体の片付けが完璧にできていたわけではないということも明らかになっています。

小学校高学年の際、親から注意されなくても片付けができていた人の割合はわずか10％。

大半の方が「片付けなさい」と普段から注意を受けて育っていたのです。

フェリシモが行なった、子どものいる家庭に対するアンケートでも、「片付けなさい、と促されなくても、自分ひとりで片付けている」という家庭は1割に止まったという結果が出ています。これをふまえると、東大生の子どもの頃と、一般的な子どもの間には、なんら差がないと言えるでしょう。

「日頃から、モノを散らかさないよう意識する」というのは、私たち大人でも難しいもの。

受験勉強に習い事にと忙しい小学生の子どもに期待しても、できるはずはありません。

大切なのは、親子で正しく片付けの方法を覚え、定期的に、一緒に取り組むことです。

「服を脱ぎっぱなしにしないで！　おもちゃを片付けて！」とむやみに怒るのではなく、勉強中はそっと定位置に戻してあげて、休日など時間のある時に、より片付けのしやすい定位置について親子で考えましょう。

まとめ

第3章では、「集中できる学習空間をつくる10か条」ということで、具体的な方法を10種類ご紹介してきました。

10か条のうち、私自身が最も重要だと思うのが、第2条で紹介した「机と椅子の高さ」です。

私は、勉強への集中が続かない理由の大半が、「姿勢」ではないかと思っています。高さを調整できる「昇降デスク」は、大人でも持っている人が多くはないのですが、子どもの年齢に合わせて高さ調整できるほか、親子・兄弟間で机をシェアするのにも適しています。

1台5～10万円と安くない買い物ではありますが、子どもの受験が終わったら親の書斎で使うなどすればもとがとれるでしょう。

ぜひ導入を検討してみてください。

部屋が散らかる根本原因は、モノ自体ではなく、「使い勝手がイマイチな収納グッズ」にあることが多いです。

自分に必要な家具の見極め方は、中にある荷物の稼働率（今月、何回使ったか）で決まります。

引き出しづらいタンス、何を入れたらよいか分からないワゴンなど、子ども部屋やリビングに眠るイマイチな家具を、総点検していきましょう。

【家庭に眠る、イマイチ家具のチェックリスト】

□**子ども用のタンス**（デザイン重視で、容量が小さかったり、引き出ししにくくないか？）

□**ポールハンガー**（服がかかりすぎて、雪崩を起こしていないか？）

□**学習机の下のワゴン**（足元を邪魔していないか？　文具や教材をうまく収納できているか？）

□**絵本用ラック・おもちゃ箱**（幼児期は大活躍だったけれど、今はどのくらい使っているか？）

□**ランドセル収納ケース**（子ども自身が使いこなせているか？　物置になっていないか？）
□**ガラス扉付きの本棚、食器棚**（本・食器を飾るだけの用途になっていないか？）
□**木製のテレビ台**（DVDやゲーム機など、どの程度活用しているか？）
□**フィットネス器具**（家族に使いこなせている人はいるか？　洗濯物置き場になっていないか？）
□**ローテーブル**（インテリア雑貨を飾る台になっていないか？）

イマイチな家具を手放したり、よりスリムな商品に買い替えることで、荷物の出し入れがスムーズになり、新たな空間が部屋に生まれます。

テレビ台をテレビスタンドに買い換える・フィットネスマシンを手放すといった行動で、ひとり分の学習空間をリビングに持てるようになります。

細かな荷物の整理に取り掛かる前に、まずは大枠の収納グッズを吟味して、スリム化を目指しましょう。

ゲームは兄妹揃って、勉強中は母がベッドから見守り！Bさん家の間取り

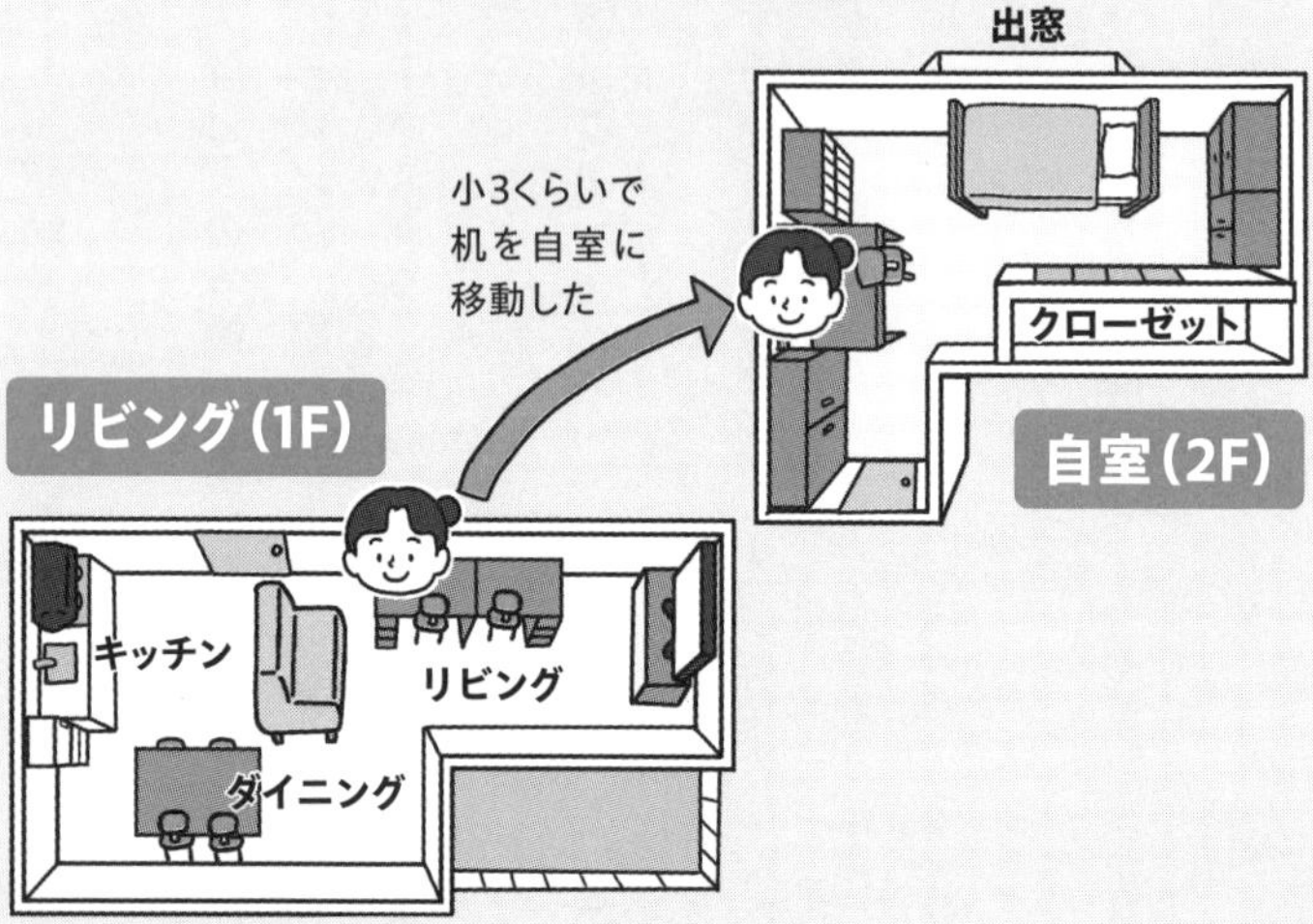

2歳違いの兄妹で、関西エリアの有名私立中学の受験に揃って成功した、Bさん家の間取りです。

東京大学に現役合格された妹さんに話を伺いました。

間取り　5LLDK（一戸建て）

家族構成　父・母・兄・妹

ポイント

❶兄・妹それぞれの自室があるが、遊ぶ時は1階の和室に集合

小学生の頃はゲームが好きでしたが、ゲームのグッズは自室ではなくすべて1階の和室に保管。兄とふたりで遊ん

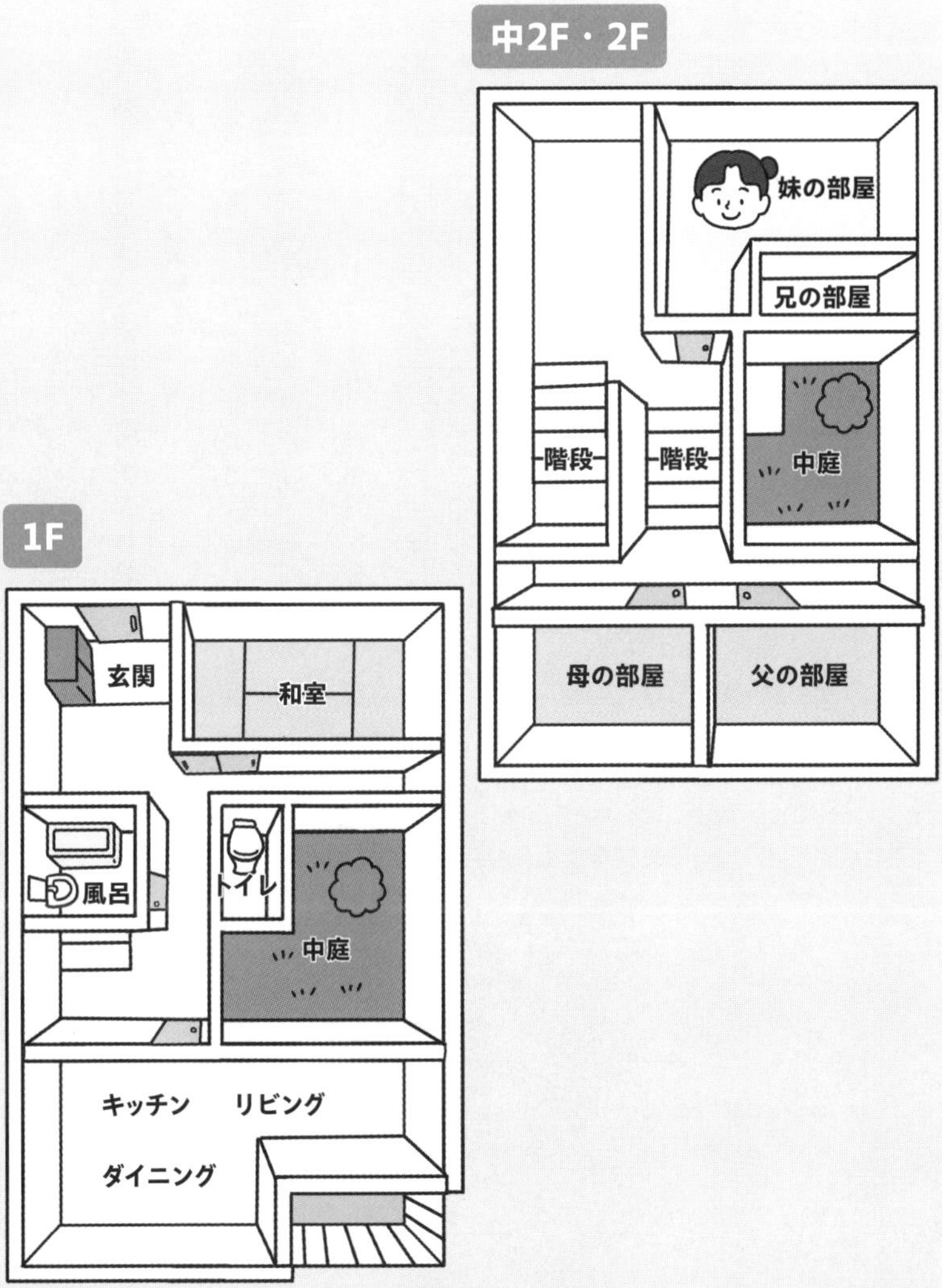

Bさん家全体のレイアウト

でいて、和室にいる時間が長くなると、親から注意を受けました。

❷深夜の受験勉強は、母がベッドからさりげなく見守り

小学校高学年の受験勉強は自室で行ないましたが、母がおやつ等の差し入れをこまめに入れてくれました。夜遅くの勉強の際は、私のベッドで母がゴロゴロしていたこともしばしば。監視されている感じではなく、寂しさが紛れ、勉強が進みました。

❸塾のプリントは教科ごとに棚へ収納

以下のような収納容量の大きい学習机だったのもあり、科目ごとに塾のプリントを保管していました。兄も塾に通っていたので、兄のプリント分類方法を真似していました。

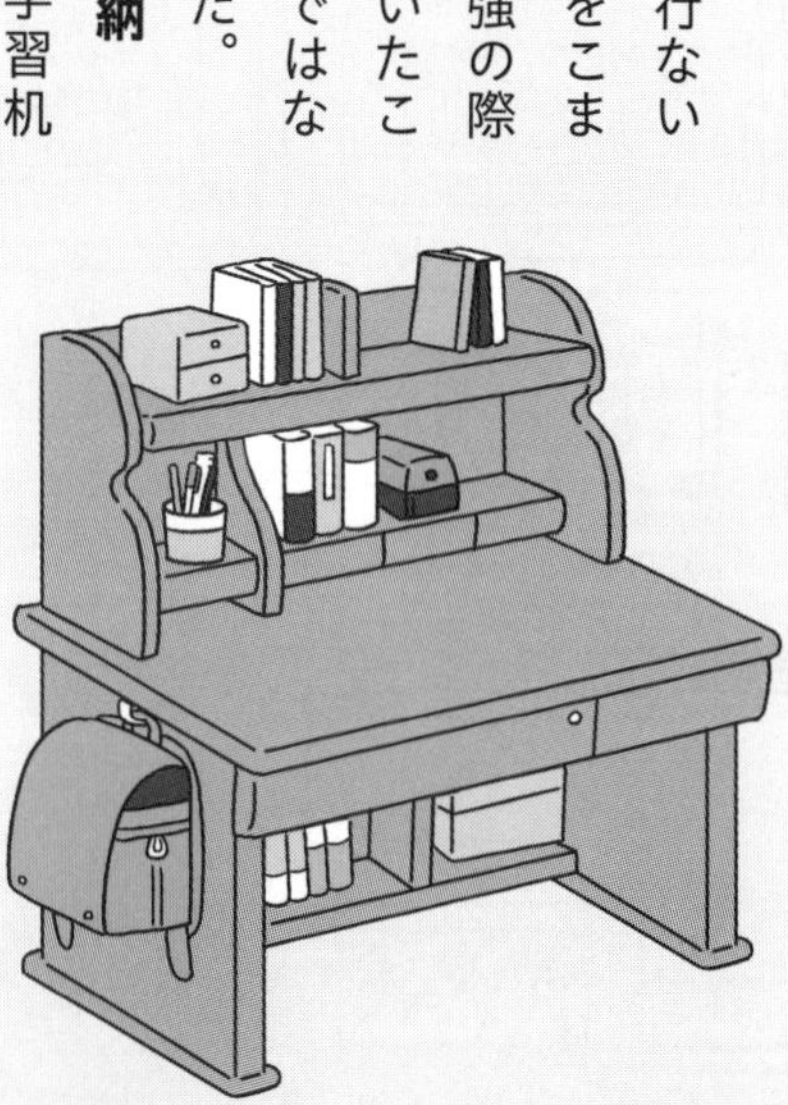

第4章

子どものあふれる荷物、どう整理する？

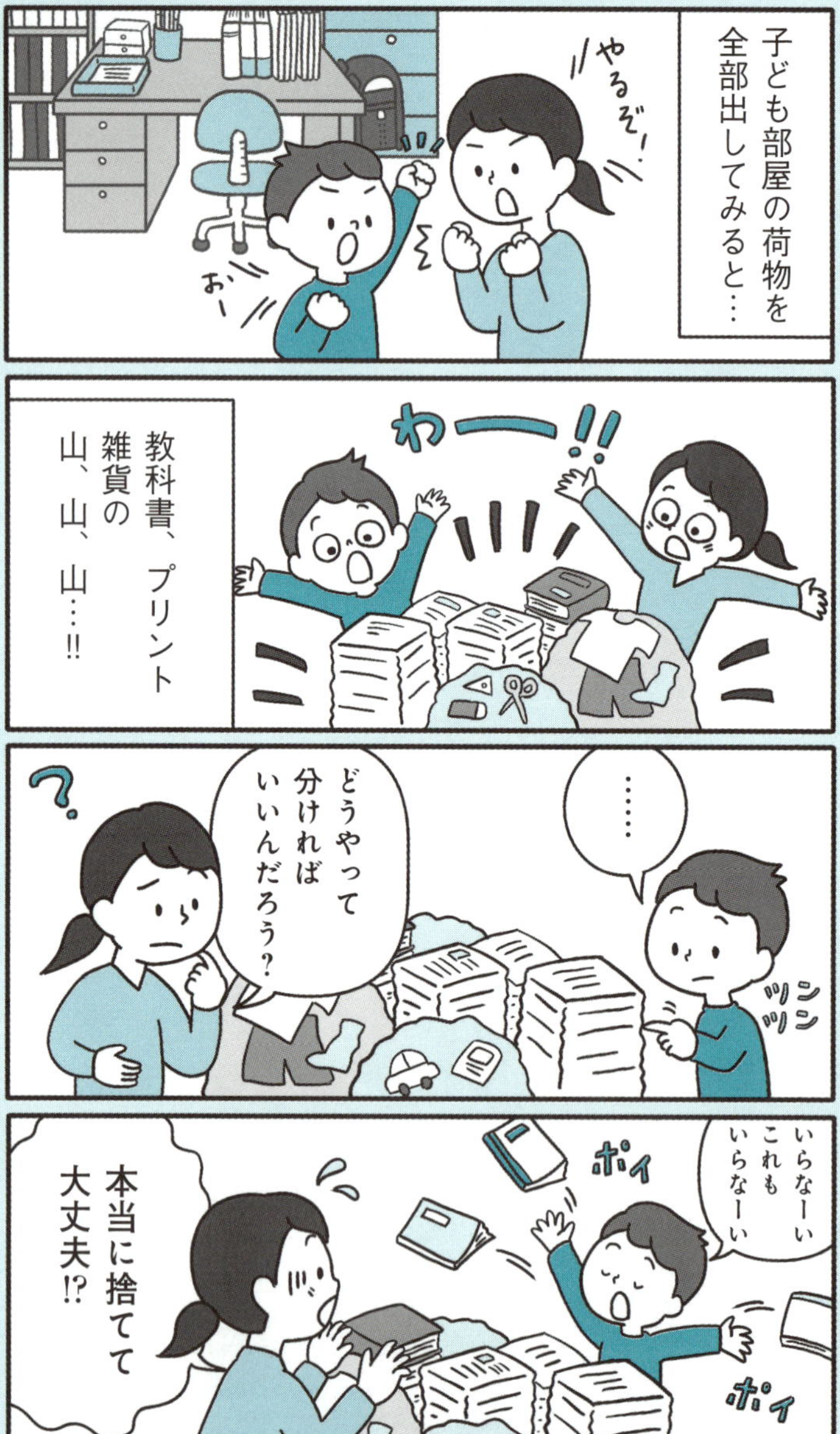

子ども部屋の荷物を全部出してみると…
やるぞ！
おー
教科書、プリント雑貨の山、山、山…!!
わーー!!
どうやって分ければいいんだろう？
……
いらなーいこれもいらなーい
ポイ
ポイ
本当に捨てて大丈夫!?

1 人はひとりあたり1500個のモノを持つ

「人はひとりあたり1500個のモノを持つ」。

これは、整理収納アドバイザーの資格取得の勉強の中で学んだ数字です。

仮にひとつのモノに対して1分間向き合った場合、全部で「1500分間」、つまり25時間もの時間がかかります。

「片付け＝めんどくさい」と思われるのはそのためです。


さらに片付けを難しくするポイントは、「本人しか、モノの意味が分からない」ということです。

大人から見るとゴミだと思っていたものが、子どもにとっては思い出のある宝物だったり、反対に大人が大切にしているものほど、子どもは思い入れが低かったりします。

そのため、受験を控えたお子さんや、塾に習い事にと忙しいお子さんが、何時間もの時間を片付けに割くのは難しいものです。

衣類や靴などは一旦親が代わりに片付けるとして、「学習空間内」に絞って、親子で片付けを行ないましょう。

小学生の学習スペースの片付けに必要な時間の目安としては、次の通りです。

・リビングの学習スペース＝約2時間
・子ども部屋の学習机　＝低学年の場合　約2時間・高学年の場合　約3時間

中高生は持ち物がさらに増えるため、それぞれプラス1時間ずつして考えて下さい。

留意点としては、**1日に最大3時間以上、片付けをしないこと**です。

脳が判断疲れを起こし、誤って必要なものを捨ててしまったり、やる気の減退につながるからです。

普段、リビングでも学習部屋でも勉強しているという小学校高学年のお子さんの場合、まず1日目はリビングを片付け、2日目に学習部屋を片付けるという形で、作業を2回に分けましょう。

また、片付けは夜遅い時間に取り組むと、疲労から判断ミスやストレスにつながりやすいため、土日の午前中を狙って行ないます。

子どもひとりにやらせるのではなく、必ず親も付き添い、一緒に手を動かすようにしましょう。

集中を要する作業となるため、年齢の小さな下のお子さんがいる場合には、パートナーや親戚、保育施設等に預かってもらうのが理想です。「3連休」など、分かりやすい日程を見つけて、家族のスケジュールに入れておきましょう。

片付け後にはステーキを食べに行くなど、ご褒美の用意も忘れずに。

2

片付けの基本は、大人も子どもも「整理」と「収納」

「片付けなさい」と日頃何度も口にしていても、片付けの正しい定義を理解していない親御さんは少なくないと思います。

ましてや、「片付け＝散らかっているものを奥にしまうこと・見えなくすること」と親が考えている場合、子どもにどんなに片付けさせても、2、3日すればもとの状態に戻ってしまうでしょう。

その場しのぎでモノを隠すことに慣れてしまうと、将来子どもも「片付けられない大人」になってしまうかもしれません。

では、片付けとは、何を指すのでしょうか？

片付けという言葉は、**「整理」＋「収納」＋「整頓」**、3つの単語から成り立ちます。

「整理」は持ち物を全部出しして、一つひとつモノの意味を考えること。

「収納」はモノに対して、使いやすい定位置を決めること。

「整頓」は、使ったモノをもとの定位置に戻すこと。

順番としては**必ず、「整理」→「収納」→「整頓」の順に行ないましょう。**


これは大人も子どもも共通のルールです。

この順番を守らず片付けを進めてしまったために、「片付けているのに片付かない」という方が非常に多くいらっしゃいます。


3つのプロセスで1番肝要かつ、時間がかかるのが、一つひとつのモノと向き合う「整理」です。

これを面倒くさがって飛ばしてしまい、何を持っているか把握しないままに収納グッズを買ったり、とりあえず見えない場所に隠そうとしたりしても、効果は数日しか続かず、すぐにリバウンドしてしまいます。

持ち物を全部出す整理には時間がかかりますが、一度持ち物の全体像を把握できると、適切な定位置を決めるのも、不要なものを処分するのも、自分の意志でできるようになっていきます。

持ち物を把握することで、似たようなモノをほしがる重複買いや、人のモノを羨ましがる欲も、少しずつなくなっていくでしょう。

自分のモノを大切にする心が芽生え、「しっかり掃除をして、モノを大切にしよう」と考えるようにもなります。

ぜひ、面倒くさがらずに腰を据えて、机周りの「整理」にチャレンジしてみましょう。

3

親子片付けの心得と、準備物リスト

さあ、いよいよ片付けを始めましょう。

学習スペースの片付けでは、子どもが片付けの主役、親はアドバイザーの立場です。

プロの整理収納アドバイザーと同じ心がけで、現場に臨みましょう。

「散らかってるね」「汚い」「これ何なの」「早く捨てればいいじゃん」「あんたはいつもそう」……。

このようなネガティブな言葉を整理収納アドバイザーがクライアントに投げかけてしまっては、一発でクビになってもおかしくありません。

片付けは、子どもにとってもストレスの大きい行為です。

親子だからと気を緩めず、**日頃の習慣に対する嫌味・ネガティブ発言は禁止で、親自身も目の前の「モノ」だけに集中していきましょう。**

モノの整理を進めていると、子どもが考えこんだり、本の中身を読み出して、作業の手が止まってしまうこともあります。

モノの整理にかけられる時間は、1点あたり1分が限度です。

すぐに答えが出せなければ、「迷いボックス」をつくって仮保管します。

子どものお気に入りの音楽を流しながら、テンポよく進めていきましょう。

最後に、親子で片付けを始めるにあたって、手元にあるといいものをリストアップしてみました。

わざわざ買いにいく必要はありませんので、まずは家庭内にあるものを使ってみてください。

【あると作業がはかどるもの】

・ゴミ袋　（サイズの大きいものを複数枚ご用意ください）

・紙袋　（紙ゴミの処分や、荷物の仮保管に使用します）

・マスク、軍手（本・書類の整理は、ホコリが舞うことがあります）
・音楽が流せるもの（スマホがあれば十分。子どもが好きな音楽をかけましょう）
・ジッパー付きの袋（細々した文具や、カード類の収納に使用します）
・付箋・ペン（整理をする際、分類した内容を忘れないように書き留める際使用します。付箋がなければ裏紙でもＯＫ）

【家庭内に余っているものがあれば、活用したいグッズ】
・ブックエンド（百円均一で売っているような、Ｌ字型のもので十分です）
・クリアホルダー（分厚いファイル型ではなく、10枚で１００円で販売されているような、薄手・透明のものが理想的です）
・書類ケース、カゴ（家庭内で使っていないものがあれば。百円均一のもので十分です）
・蓋付きボックス（家庭内で使っていないものがあれば）
・ラベルシール（小学校低学年のお子さんにおすすめです。「教科書」「塾のテキスト」など、定位置を分かりやすくするために貼ります）

4 「前に、いつ使った？」「次に、いつ使うの？」は魔法の質問

さて、いよいよ全部出しです。

整理を指導している中で、「全部出しとは、どこまでを指しますか？」「棚にきれいに収まっているる参考書は、一旦出さなくてもいいですか？」という質問を、親御さんからいただくことがあります。

「全部出し」は、文字通り「全部、出すこと」です。

それ以上でも、以下でもありません。

収納グッズにピッタリきれいに収まっていても、ランドセルの中に収まっていても、とにかく一旦、「全部出す」のが大切です。

全部出すスペースがない、という場合は、「本」「プリント」「文具」など、カテ

ゴリごとに何度かに分けて出すか、紙袋に入れてリビングに運び込んでもよいでしょう。

「どこも足の踏み場もない」という場合は、ベッドの上にホコリがかからないようビニールカバーをかけて、作業場としてもよいでしょう。

ちなみに、バインダーに閉じられたプリント等は、一気に全部出すと混乱してしまうので、一旦そのままにして、別の機会で1冊ずつ整理するのがいいですね。

全部出しでは、まず床に「山」をつくりながら、持ち物をグループに分けていきますが、山のつくり方には注意が必要です。

「塾のテキストの山」「学校の教科書の山」「文房具の山」……。

このような、モノのカテゴリを意識した山は、今回は「間違い」になります。

同じ教科書でも、毎日使っているものと、すでに学習を終えてとっておくだけのものでは、保管場所を分けるべきだからです。

「カテゴリ」ではなく**「使用頻度」に応じて、山をつくりましょう。**

使用頻度の目安は、次の4つです。

「1週間以内に使う」

「1か月以内に使う」

「1年以内に使う」

「使わない」


まずはカテゴリにこだわらず、使用頻度に応じて4つの山に分けましょう。

ものを1点1点、アドバイザーである親が、意思決定者である子どもに差し出しながら、使用頻度について判断を仰ぎます。


ここでの聞き方にもコツがあります。

「これは何？」と聞くと、子どもはモノの背景からおしゃべりを始めてしまいます。

また、「これはどうしよっか？」という質問もNGです。

片付けの基本は「整理→収納→整頓を、手順を追って進めていくこと」と前項でお話ししましたが、「リビングに置く」「押し入れに入れる」など、**収納場所についての議論は、すべてのものの整理が終わった後に行なう**ものです。

そのため「捨てる・捨てない」「どこにどう収納する」という点を子どもに相談してしまうのは、段階を1段飛ばした質問になるので、相応しくありません。

正しい質問は、「これは、前に、いつ使った？　次に、いつ使うの？」です。

例えば、新学期直前の3月に片付けをする場合、教科書に対して、子どもは「4年生までは使ってたけど、5年生では使わない」と回答します。

「次に、いつ使う？」の部分をもう少し掘り下げて、「5年生で、見直しはするかな？」と質問すると、「見直しはしないかな」等、具体的に答えてくれることでしょう。

今後、見直しをしない教科書は、使用頻度で「使わない」に分類します。

ここで注意したいのが、「次、いつ使う？」の問いに対する子どもの判断を、大人が疑わないことです。

「えぇ？　4年生の内容を忘れてしまって復習することもあるでしょう？」などと、親の主観で回答を変更させようとしないようにしましょう。

小学校1、2年生の段階であれば、子どもは学習計画を全く理解していないということもあり得ますが、高学年ともなれば、ある程度過去の経験から勉強の仕方について自分のルールができ始めているはず。

もし子どもが「次、いつ使うか分からない」とした場合は、「分からない」という山をつくって、そこに一旦仕分けましょう（後で時間のある時に、学校や塾の先生に直接聞けばよいのです）。

片付けにおいて「モノを捨てる」のは、定位置を決める「収納」のプロセスです。

「整理」では、破損した文具や明らかなゴミ以外は、捨てる必要はありません。

後で分かるように「捨てる」という山をつくって、一旦積んでおけば大丈夫。

こうすることで、子どもの判断に対して、「えー、この本捨てちゃうの？　まだ読んでないのにもったいないよ」など、親がアドバイスをする必要がなくなります。もったいないと思えば、後から親が回収すればよいのですから。

「使わない」に分類したものは、さらに持っている理由を深掘りします。

アルバムや手紙など「思い出がある」ものに加えて、「学校のルールで卒業までとっておくほうがよい」「もしかしたら復習するかもしれないから一応とっておきたい」など、持ちたい理由によって山を分けていきましょう。

子どもの回答次第では、山の数が増えていきます。

最終的には、5～10個の山ができることが多いです。

せっかく分類したのに後から分からなくならないよう、付箋で山の名前を貼っていきましょう。

【山の例】

・毎週使う
・今月使う
・次の学期に使う
・夏期休暇の時に使う
・使わないが、友達・家族との思い出がある
・使わないが、学校のルールで残す
・使わないが、復習するかもしれないので、次の学期まで残しておきたい
・使わないが、通信教材のお金がもったいないので、とりあえず置いておきたい
・使わないが、かわいいので集めている
・使わないが、弟にあげたい
・迷っている
・捨てていい

5 よく使う山から順に、定位置を決めるのが収納

さて、持ち物を山に分けられたら、整理は完了です。
ここから収納のプロセスに移っていきましょう。

所用時間は、整理：収納＝7：3が目安です。

整理が終わった段階で、ゴールはほぼ見えてきています（ちなみに「整頓」は、日々の生活の中で、使ったらもとに戻す行為になるので、整理・収納とは別のタイミングで行ないます）。

「使わないものから奥にしまいましょう（＝先に置き場所を決める）」というのが、日本古来の押し入れでの収納手順ではありますが、学習スペースにおいては逆の順番で進めます。

使うものから順に、定位置を決めていくのです。

山の中で言うと、「毎週使う・今月使う」の山が、最優先で場所を見つけるべき存在です。

子どもが座る椅子から手を伸ばして、届きやすい位置を特等席とし、毎週使うものから順に配置していきましょう。

ここで、「机の上はゼロにする」「学習机の足元にワゴンを置かないほうがよい」とお話ししましたので、机の周りに適切な収納スペースがないと感じる方もいるかもしれません。

3段ボックスや使っていないラックがあれば、そちらを使ってみましょう。

3段ボックスは使用頻度の高いモノを出し入れしやすく、机周りにおすすめです（千円未満で買える商品も多いのですが、子ども部屋に置くことを考慮し、角の面取りがされているか、メーカーに確認してから購入しましょう）。

加えて、よく使うアイテムの収納で大切なのが、**ステップ数**です。

座った姿勢のまま、片手で棚から取れるのであればステップ数＝1です。

一方で、姿勢をかがめ、片手でワゴンを押さえ、引き出し、取り出して、また引き出しを戻す場合、ステップ数＝5となってしまいます。

同じ理由から、出し入れの工程が複雑な収納グッズやプリントファイルは、極力使用しないのが吉です。

薄めの教科書やノートなど、自立しにくいものは書類ケースやブックエンドで補助しましょう。

ここまでやってみると、荷物全体の総量と比べて、「毎週使う・今月使う」モノは、全体の一部だと分かったのではないでしょうか。

「家の中の8割のモノは、月に一度も触れられていない」と言われているように、おそらく学習机周りのものの8割が、すぐに使う予定がないモノだったのではないかと思います。

残りの山を、またすべて机の周りに戻してしまっては、机は荷物であふれ、整理前の状態に戻ってしまうでしょう。

すぐに使う予定のないものは、押し入れや本棚（最上段・最下段など手の届きにくい場所）など、机から少し離れた場所に収納します。

押し入れで保管する場合は、紙袋ではなく、衣装ケースや蓋付きの箱に詰めて保管すると、ホコリの心配がなく安心です。

さて、「捨てていい」に分類されたものは、ここで袋に詰めて玄関に持っていきます。

親の意向で、とっておきたいものも出てくることでしょう。

例えば、子どもに読んでほしいと思って買ったばかりの参考書が、「捨てていい」に分類されていれば、親御さんもショックなことと思います。

しかしここで、「歴史が苦手でしょう? この本は読んだほうがいいわよ」と、山を勝手に動かすのはＮＧ。

机の周りに置いていても、今まで通り無視されるだけで、スペースの無駄になります。

諦めて捨てるか、親の個人スペース（クローゼットや書斎など）に避難させましょう。

次の学期になれば、子どもも見方を変えてくれるかもしれません。

6 塾・学校のプリント整理、テストは学期単位・模試は年単位で見直しを

学校からのお知らせ、宿題、塾の小テスト、模試、通信教材……。小中学生はとにかく紙類が多く、各家庭共通で頭を悩ませていることでしょう。

プリント整理は、床一面に全部出して一気に進めるより、ダイニングテーブルやちゃぶ台などの机の上で小さな山をつくり、何回かに分けて取り組むのがコツです。

収納方法としては、分厚いファイルは使わず、山ごとに、ぺらっと薄い透明クリアホルダー＋ラベルシールで分類するのがよいでしょう。出し入れしやすく、スペースも節約できます（ラベルシールの色を教科ごとに分けると、何の科目か一目で分かります）。

教科書や文具の整理と同じく、プリント整理でも「次、いつ使うか？」が重要な

軸になります。

例えば、入塾からの模試の結果をきれいにバインダーで保管していても、子どもが見直すのは直近の試験結果に留まり、1年以上前のプリントを見返すことはほぼないと言えるでしょう。

「カテゴリ」に縛られて書類を綴じ込んでも、ファイルごと死蔵化してしまうこともあるのです。

「目の前の宿題と、テキストの予習・復習に手一杯で、一度解いたプリントを見返したことなどない」というお子さんも、少なくないかと思います。

その場合は、机上にバインダーをズラリと並べていても、ただ邪魔なだけになってしまいますよね。

「見直す・見直さない」のサジ加減はなかなか難しいもので、塾・学校側でも明確な軸は定められていません。

余裕を見ると「受験終了・卒業までとっておく」ということになりますが、私は**「小テストは1学期、模試は1年」を目処に、処分してもよいのではないか**と考えています。

自分自身の学習を振り返ると、小テストは期末テストの直前に、模試は次の模試の直前にそれぞれ見返して、それ以降は見ていなかったためです。

その代わり、何度も間違う問題だけ、ハサミで切り取ってノートに貼り付けるようにしていました。

ハサミで切って自分で処分をすることで、何が分かっていて、何が分かっていないか、自分の中で区切りをつけるきっかけにもなりました。

「いつ復習したくなるか分からないし、とりあえず卒業までとっておこう」という場合も、1年以上前のプリントを机のすぐそばで保管する必要はありません。

クリアフォルダでざっくりとカテゴリだけ分けた上で、箱に詰めて押し入れで保管すれば、学習スペースを散らかさずに保管することができます。

押し入れのスペースがない方は、箱ごとスキャン代行サービスに送ってしまい、PDFで受け取るか、箱単位で預けられる保管サービスに預けるのもひとつの手段です。

多少お金はかかりますが、学習スペースを狭くせずに済みますよ。

7 学校からのお知らせは、LINEグループやアプリで管理

学校からのお便りや、習い事でもらってくるプリントも、親御さんの悩みの種ですよね。

ダイニングテーブルにはいつも書類が山積みという家庭も少なくないでしょう。

給食のメニュー表や学校便りを冷蔵庫に貼っているという方も、出先で見返せなかったり、肝心な時に思い出せなかったりと、不便なことも多いはず。

少なくとも、大量のプリントが壁に貼ってある状態は、食事の場所としては落ち着かないですよね。

そこで、デジタルで管理できるものはデジタル化を検討してみましょう。

写真に撮って家族LINEでプリント管理をするのもいいですね。

家族をメンバーに加えてLINEグループをつくり、写真のアルバム機能で、プリントを管理します。プリント管理に特化したスマホアプリもいくつかあります。

スマホ管理のよい点は、いつでも・どこでも検索ができるところ。

例えばスーパーで買い物をする際に給食のメニュー表を見たり、ママ友とのランチ中に学校行事の日程を見たりと、必要な時にアクセスできるのが利点です。

お子さんがスマホを使いこなせる年齢になれば、お子さん自身でプリントを確認したり、学校・塾の掲示物の写真をアップロードしてもらったりすることも可能です。

「紙で置いておかないと、手続きを忘れてしまう」という方は、LINEで使えるリマインドサービス「リマインくん」がおすすめです。

リマインくんを友達登録し、リマインドしてほしい内容をトークで送ります。例えば、「リマインくん　今月末に、お姉ちゃんの月謝振り込み」と指示しておけば、月末のタイミングで、リマインくんからLINEが届くのです。

家族のLINEグループに、リマインくんを参加させることも可能です。例えば「リマインくん、夕方19時に、お父さんにトイレットペーパーを買うように言って」と伝えれば、お父さんの帰宅中にリマインくんからLINEが届きます。

このように、さまざまな便利なサービスがありますので、ぜひ工夫してみてくださいね。

8 やらせたくないゲームは、禁止するより「丁寧に梱包」する

ゲームは子どもの勉強の大敵とも言えるでしょう。

5分だけ、と思って手を伸ばしたら最後、気づけば30分、1時間と時間が過ぎていき、中毒性もあるのでなかなかやめられません。

「ゲームは1日15分まで」「テストで100点取るまでゲームは取り上げる」など、家ごとにさまざまなルールを決めて、遠ざけようと苦心していることでしょう。

しかし、「ゲームが友達づくりの大事な接点」という場合もあるので、取り上げるのが正解とは限らないのも、難しいところです。

中には怒りに任せて親がゲーム機を壊してしまい、親子の信頼関係にヒビが入ってしまうケースもあるようです。

このゲーム問題について片付けの観点からおすすめしたいのが、**「やらせたくないものほど、丁寧に梱包して収納する」**ということです。

人間の脳は単純で、目に入れば興味が湧くし、簡単に手の届きやすいものほどつい触ってしまいます。

食後5分間、ソファーに座って「なんとなく暇だな」と思った時に、たまたま手が伸びた先にスマホやゲームがあったために、毎日触ってしまうのかもしれません。ですから、簡単に触れないように梱包してしまうのです。

また、**ゲームの収納方法としておすすめしたいのが、蓋付きのケースを使うこと**です。

ロックを外すのに時間がかかったり、硬くて開け閉めしにくいものを選ぶとよいでしょう。

さらに、中身が見えないよう、透明ではなく色のついたものを選べば、視界に入ることで気になってしまうことも防げます。

そして、収納動線としては、子どもの日常生活の動線から外れた場所に置きましょう。

リビングや子ども部屋の一角で保管すると、どうしても生活動線上で目に入ってしまいます。

例えば、親の書斎を定位置にすれば、ゲームをするたびにいちいち親の部屋に入る必要が出てきて、めんどくささがアップします。

「今日の宿題は終わりました、何分やります」と申告制にすれば、自分で決めたルールを守る確率がアップするでしょう。

そしてゲームが終わり次第、親が速やかにケースに入れて収納してしまうのです。

スマホの充電ボックスを靴箱につくり、部屋には持ち込ませない。

試験前の勉強中は念入りにベッドメイキングをして昼寝をさせないなど、視覚のコントロールで誘惑はブロックできます。

勝手に子どものモノを捨てたり壊すのはトラブルになっても、丁寧に収納されたのでは文句は言いづらいもの。

ぜひ「やらせたくないものほど、丁寧に梱包して収納」を試してみてください。

9 衣替えは家族のファッションウィーク

家族の片付けにまつわる重たい行事が、衣替えです。

6月1日と10月1日は、明治時代より「衣替えの日」と定められ、学校や職場での制服の入れ替えがなされていますが、衣替えが億劫だからと、大掛かりな衣替えをしない人も増えてきているようです。

皆さんのご家庭では、衣替えをどのように行なっているでしょうか。

「小学生は年中半袖短パン、動きやすい格好ならよい」というのは昔の話で、昨今は男女ともおしゃれの低年齢化が進んでいます。

ニフティの調査によると、小学生の83％が、毎日のコーディネートを自分で考えているとのこと。

ファッションに興味がある小学生は全体の8割を超え、毎朝頭を悩ませながら服を考えている子どもが多いことが想像されます。

「受験生なんだから、ファッションにこだわっている場合ではない」と親は思うかもしれません。

しかし、**受験生だからこそ、服に悩まないよう、気持ちよく着られるコーディネートを準備しておくことが、朝の時短、また学校や塾の授業への集中につながります。**

そのためにも、衣替えを家族行事にしてしっかり取り組み、今シーズン着る予定のある服だけがハンガーにかかっている状態をつくりましょう。

衣替えにおいても、前項で紹介した「全部出し」を行ないます。

まずは、クローゼットやタンスの服をベッドの上に全部出ししてみましょう。

親も子どもも一斉に行なうことで、お互いに「こんなに服をたくさん持っていたのか！」と驚くことと思います。

その上で、実際に「今シーズンに着たい服」をそれぞれが着て、リビングに集まるのです。

家族で見せあって「合格」とされた服を、クローゼットのハンガーにかけていきます。

これを10回繰り返せば、２週間分の平日のコーディネートが完成します。

組み合わせ方が思いつかず、余ってしまった服は手放す対象です。

一見デザインのよい服でも、首がチクチクする、ウエストがきついなど、「着たくない」と思う理由は人それぞれ。

少しでも「着たくない」と思った服は、迷わず売りに出してしまいましょう。

ブックオフやセカンドストリートにまとめて持ち込むと時間短縮になりますし、高値での売却を狙うなら個別にメルカリに出品しても○。

季節外で次のシーズンまで着ない服は、防虫剤を入れた上で、衣類圧縮袋やスーツケースの中に詰めておきましょう（冬のスキーウエアや羽毛布団など、大き過ぎて押し入れに入らないアイテムは、衣類クリーニング付きの保管サービスに預けてもよいですね）。

親がひとりでやるには疲労感のある衣替えですが、家族全員で行事として取り組めれば楽しいイベントです。

「お母さんのそのコーディネート、不合格！」など、子どもに言われてしまえば、親も服を買い換えざるを得ません。

所用時間は2時間ほどですので、ぜひ季節の変わり目にやってみてください。

10 思い出のものは、子どもの好きな柄の箱に詰める

工作の作品や賞状、写真、幼い頃の洋服、おもちゃ……。

我が子の思い出のグッズを親が捨てるのは至難の技で、ついつい溜め込んでしまいますよね。

そこで、子どもに関する思い出のグッズは、原則子どもに選別させるようにしましょう。

ここで便利なのが、好きなキャラクターの柄がついている紙箱や、インテリアショップで売られているファンシーなケースなど、蓋つきの大きめの収納グッズ。

子どものお気に入りの柄の箱をひとつ「宝箱」として、「宝箱に入る範囲で、残したいものを詰めよう」と声かけをするのです。

私自身も幼少期、ランドセルが入っていた紙のケースを、思い出ボックスとして使用していました。

この宝箱に入りきらない立体作品やかさばるおもちゃは、写真で保管するのもひとつの手です。

こうしたものをすべてとっておくのは、スペースがいくらあっても足りませんし、無理に押し入れに詰め込んでは作品自体が劣化してしまいます。

保管しているだけでは見返す機会も少なくなってしまいますので、**リビングや玄関に飾るものを数点選び、それ以外は写真で残す**ようにしましょう。

11 ランドセルの定位置にこだわる

「子どもがランドセルを、そのへんに放っておいてしまう」と悩む方は、ランドセルの定位置を改めて見直しましょう。

例えばお子さんがリビング学習をしているのに、ランドセルの置き場所を子ども部屋にしていませんか？

宿題をするためにわざわざ自室に教科書を取りにいくのは非効率で、宿題を始めるのに時間がかかったり、ランドセルをリビングの床に置きっぱなしにする要因となります。

ランドセルの定位置は、「宿題をする場所」が理想です。

宿題をする場所のそばに置き場をつくりましょう。

例えば、ダイニングテーブルで宿題をする場合は、ダイニングテーブルのすぐそばに、ランドセル・教科書・文房具入れを置きます。

ちなみに、「ランドセルラック」で検索をするとかなり大掛かりな家具が表示されますが、専用のラックを購入する必要はありません。

おすすめしたいのが、3段ボックスとランドセルハンガーを組み合わせることです。

ランドセルハンガーは2～3千円で販売されている商品で、カラーボックスや棚にネジで打ち付けることで、省スペースでランドセルをひっかけることができます。

また、小学生はランドセルだけでなく、体操服やお道具箱を持ち帰りますよね。

すべてのものをフックで吊るすのは難しい

ので、ランドセルハンガーの下に、「お道具置き場」として、大きめのカゴを置いておきましょう。

子ども部屋の床に置くよりも親の目が届きやすく、体操着の洗い忘れや、忘れ物防止に効果的です。

ランドセルに限らず、普段使いするあらゆるバッグは、ひっかけて収納するようにするとよいでしょう（親自身の通勤鞄も同様です）。

机の足や天板がマグネットを付けられる素材であれば、マグネットフックを取り付けます。

マグネットが付きにくい素材の場合は、天板に挟むタイプのバッグハンガーを使いましょう。

学校の宿題はダイニングテーブルで行なうが、塾の宿題は自室で行なうなど、複数の場所で学習を行なう場合には、ランドセルはダイニングに、塾のバッグは自室の机周りに置くといいですね。

帰宅時に定位置にひっかけることをクセ付ければ、勉強に取り掛かるスピードが上がり、「すぐやる子」に育ちます。

まとめ

片付けのプロセスで最も大切なのは、「整理」です。片付けをしても数日でリバウンドしてしまった場合は、整理がうまくいっていない可能性が高いです。全部出しをした上で、厳密に使用頻度で分けて、「山」をつくっていきましょう。モノがいつも出しっぱなしになっているならば、定位置がうまく決まっていない証拠。

無理のない定位置を一緒に考えるところから始めましょう。

本章で紹介した整理と収納の手法は、大人向けの片付けとも共通する内容です。子ども部屋の整理がうまくいかないなと感じたら、ぜひ親御さんの部屋の片付けに、子どもをアドバイザーとして関わらせてください。

親のメイクボックス整理や、ガジェット整理を手伝ってもらうことで、「片付けとは何か」を子ども自身が学び、自身のモノでも、同じように整理できるようになるでしょう。

大量の紙整理は、ひとりで取り組むと孤独なものです。子どもだけでなく、大人も知らず知らずのうちに紙は溜まっていくもの。学期の終わりに、家族で「書類の処分祭」を開催し、盛り上がりながら取り組みましょう。

【処分祭　取り組みテーマ例】
父・母：仕事の書類、学校・地域のお知らせ
兄：塾と学校のプリント
妹：学校と習い事のプリント

【ルール】
・床やテーブルに、それぞれのテリトリーを定める
・時間は90分間。次にいつ使う（処理する）か、なぜ保存したいかで「山」をつくる

- 処理予定があるものは種類ごとにクリアホルダーへ
- 紙で残す必要がないものはスキャンや写真に残す
- 思い出のあるものは切り取ってアルバムに保管
- 保管義務があるものは、期日が分かるようにまとめる
- 処分する紙は、紙袋に入れる
- 終了後、紙袋に入っている処分する紙が多かった人が優勝

※紙袋の書類は、すぐにはゴミ出しせず、念のため1週間ほど保管してから処分。子どもが捨てた書類が心配であれば、終了後に親がこっそりチェックをする。

※紙類は各地域の回収ルールにあわせ、リサイクルしましょう。

机周りの収納充実、
大型本棚を家族でシェア！
Cさん家の間取り

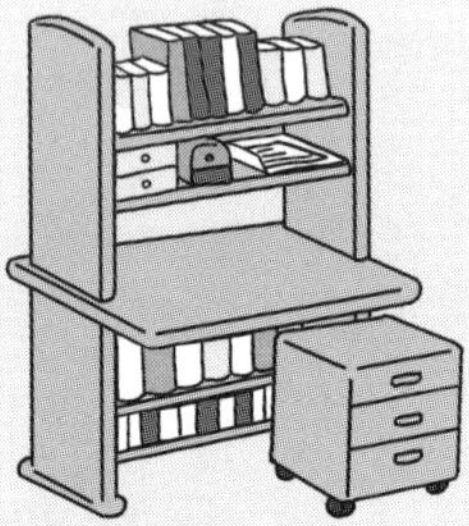

8歳違いの姉妹で、都内有名私立中学の受験に揃って成功した、Cさん家の間取りです。

その後東京大学に現役合格された、お姉さんに話を伺いました。

間取り　3LLDK（一戸建て）

家族構成　父・母・姉・妹

ポイント

❶学習机は、収納充実

机の後ろ側に、上2段、足元2段の棚が付属されたタイプの机で、据え付けのワゴンで文具やノートを管理していました。

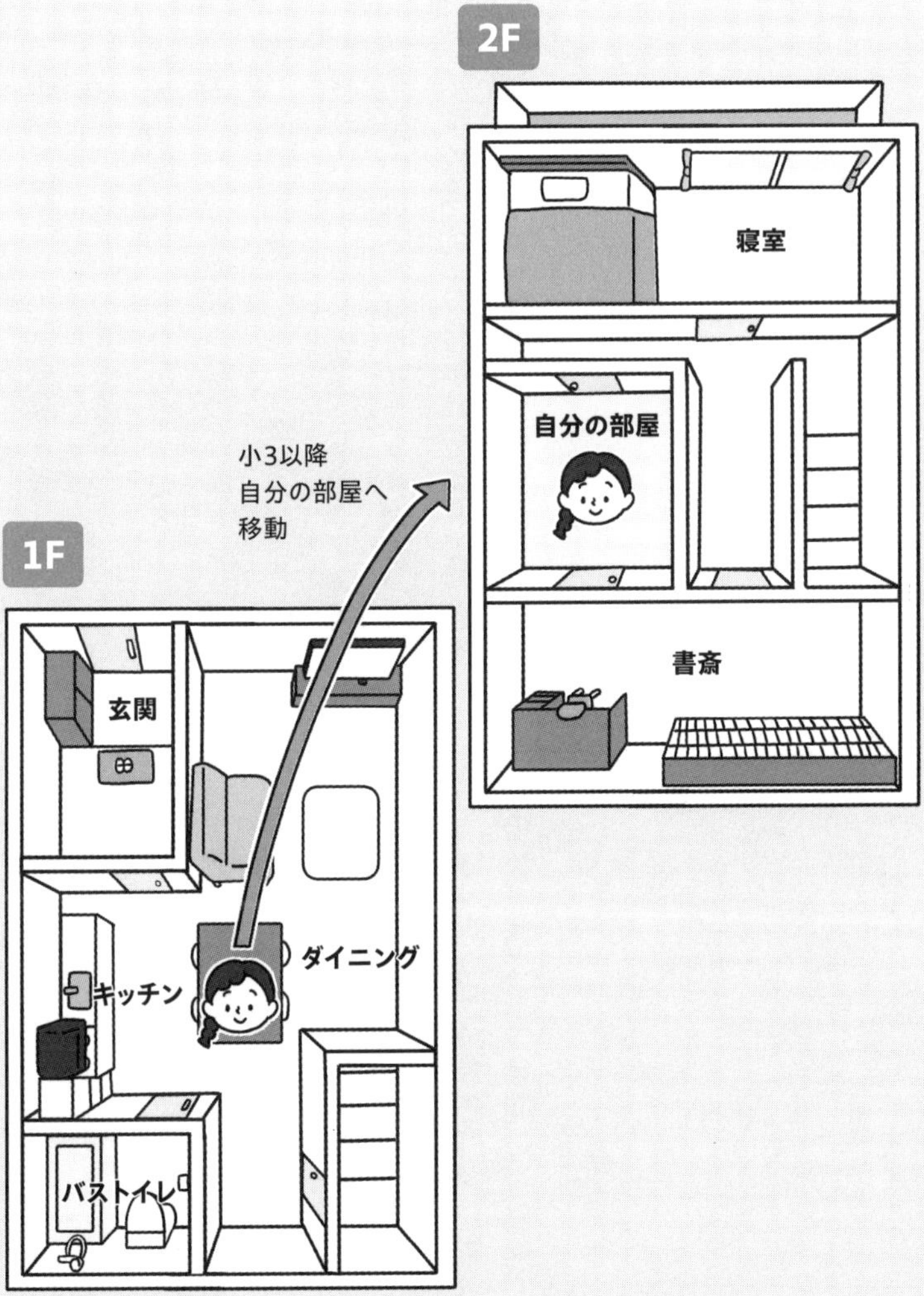

Cさん家全体のレイアウト

中学受験から大学受験まで、プリントや教材は自分で管理していましたが、保管に困ることはありませんでした。

❷親の部屋に、大型のファミリーライブラリー

子ども部屋の隣が親の部屋でした。大型の本棚があり、家族全員の本を共有で管理していました。

そのため、親の本を手にとってみることも多くありました。

❸小学校低学年はダイニング学習、高学年はドア開けっぱなしで個室学習

小学校低学年の時は親の近くで宿題を行なっていましたが、妹が生まれたのもあり、高学年では自室で学習。隣が親の部屋だったので、常にドアは開けっぱなしで学習しました。

第5章

モノへの「主体性」が、勉強への向き合い方を変える

1 子どもの主体性を伸ばすには、「言葉がけ」だけでは限界がある

「主体性のある子どもに育てたい」。

多くの親御さんが願っていることと思います。

主体性を育むには、幼少期からの家庭での接し方が重要です。

自分は家族から愛されているのだ、両親は自分を応援してくれているのだ、と実感することで、子どもの自己肯定感は高まり、新しいことへのチャレンジ精神が芽生えるでしょう。

子どもの気持ちを最優先に考え、ありのままの子どもの姿を肯定する。

口で言うのは容易《たやす》いのですが、現実はそうそううまくいきません。

宿題をさぼれば注意しなくてはならないし、「遊びたい」と言われて遊ばせてば

かりでは、成績も下がってしまうでしょう。

「言葉がけ」にはさまざまなテクニックがありますが、言葉ひとつで思い通りに動いてはくれないのが子育ての難しいところです。

その点、「片付け」はゴールが明確で、シンプルです。

特に学習空間の片付けのゴールは、子どもが目の前のことに集中できるよう、物理的に、邪魔なものをなくしてあげること。

そうした環境をつくるのは、親だけの役割ではありません。

子ども自身が片付けを通してものとの付き合い方を考え、収納のルールづくりを通じて自分なりに空間をデザインすることで、自然と自分のいる環境に対して主体性や責任感が芽生えていきます。

親だけで片付けをしてしまっては、その機会を奪ってしまいます。

親子で片付けをすることで、お子さんの主体性を育んでいってください。

2

「全部出して、分ける技術」は、時間・心の整理にも応用できる

幼いうちから片付けの正しいやり方を身につけることは、生活能力の向上だけでなく、今後の人生を歩む上での土台としても役に立ちます。

といっても、もちろん「子どものうちから、家全体の片付けに常に気を配れ」という意味ではありません。

整理の基本は「全部出し」。

既存の枠組みから一旦すべてを外に取り出して、ひとつずつ手にとりながら意味を定義します。

このプロセスは、時間・心の整理にも応用できるのです。

受験勉強においては、勉強そのものだけでなく、時間の管理も重要な要素です。

親もちろん協力しますが、子ども自身で「時間をどう使うか」を設計できないと、学年が上がるごとに太刀打《たちう》ちできなくなってしまうでしょう。

時間の使い方を効率化したければ、まずは「全部出し」をすることです。毎日、自分が何に時間を使っているのか。無駄な時間は何か。教科別の学習時間はそれぞれどのくらいで、どの程度の効果が出ているか。

与えられたテキストを漫然と解くのではなく、「今、私は何時間かけて、何を解いているのか」を考える部分こそが、今後生きる上で出合うであろう意思決定の土台となるのです。

時間管理と並び、メンタルマネジメントもなくてはならない能力です。

親や先生がいくら機嫌をとっても、子ども自身が自分の機嫌をとれなければ、受験という長期戦は乗り越えられません。

学校であった嫌なこと、遊びたいのに遊べない苦しみ、そういった思いもやり過ごしながら、目の前の勉強に集中しなくてはならないのです。

大人が想像する以上に、これは孤独で苦しい時間です。

感情を落ち着かせる上でも、「全部出して、分ける」というプロセスは役に立ちます。

ネガティブな思いがごちゃごちゃと絡まり合っている状態では、悪循環でどんどん負のループに入っていきます。

自分が頭の中で何を考えているか、紙に書き出すと、自分でも気づかないほど多くのことを考えていたことに気づくでしょう。

今考えるべきことと、忘れるべきことに分け、忘れるためにさまざまな工夫を凝《こ》らす。

これは、「今着るべき衣類を前に並べ、手にとらない衣類を圧縮して押し入れに詰める、衣替えの作業」と手順が似ています。

絡まった悩みにカタを付け、頭の中をゼロにして、集中状態を自分の手でつくるのです。

「たかが片付けで、大層なことを言うなぁ」と思われてしまったかもしれませんが、自分自身の意志で膨大な持ち物に意味をつけ、適切に管理するのは、子どもにとっても大人にとっても非常に意味のあることだと思っています。

親から「人生の考え方を教えてやるぞ」と言われると、子どもは不審がると思いますが、「プリントの片付けってこうやるらしいよ」という形であれば、子どもも気楽に臨めますよね。

ぜひ、片付けを通じて、親子で哲学を学んでください。

3 勉強の半分は、片付けでできている

小学生の宿題というと、漢字ドリルや九九のような「一問一答形式」をイメージされるかと思いますが、学年が上がるにつれ、大人でもついていくのが難しいような入り組んだ設問が増えていきます。


ニュースを追っていなければ回答できない社会の問題。

読解力がないと読み解けない算数の問題。

4年生で習った公式と5年生で習った公式を組み合わせる問題や、丸暗記では解けない歴史の流れを問う問題まで、総合的な準備を問われます。


「漢字は過去問から出題されやすい」

「長文読解は2年おきに小説が出題される」

などの情報も含め、子どもたちは与えられる膨大な情報を、自分の力で整理し、

試験当日に使えるよう自分の血肉にする必要があります。

親がアシストするのも限度があるので、**「膨大な情報を、まずは全部把握し、分けて、自分に必要なものを取捨選択する」という能力を早く身につけることが大切**です。

ここでも「片付けができること」は大きなアドバンテージになります。

「打てば響くように、ページをめくれていますねぇ！」

これは私が学生時代に社会の先生からかけられた褒め言葉です。

私は地理も歴史もなかなか暗記ができず、テストでも思うような点数が取れていませんでした。

地名や人物名が膨大で、覚えられずに困っていたのですが、先生のすすめで、教科書に「付箋」をたくさん貼ることにしたのです。

自分の思うカテゴリで付箋を貼っていき、先生の解説時や問題集を解く際に、少しでも早く該当のページを開くことで、なんとか授業に遅れをとらないようにしていました。

教科書の内容が頭に入るまでにはかなりの時間がかかったのですが、「該当ページを早くめくることができる」という点だけを誇りに続けていったことで、少しずつぼんやりと、覚えていくことができました。

東大の同級生には「教科書を一度見れば、映像記憶が残って二度と忘れない」という猛者もいたにはいたのですが、そのような猛者はごくごく稀です。

一足飛びに丸暗記せず、「まずは教科書のページを開けるだけでもいい」とハードルを下げることで、私自身もなんとか勉強を続けることができました。

「必要なものが、どのあたりにあるか目星をつけ、取りに行く」というのは、部屋でなくしものを探している状態と似ています。

部屋の片付けがはかどれば、モノを探す時間は速くなるもの。

頭の整理のプロセスと、部屋の整理は、やはり似たところがあるのです。

4 モノに対する「主体性」が、人生に対する「主体性」にもつながる

「部屋が片付いたら、気持ちが軽くなり、人生が好転した」

「いらないものを捨てたら、お金が貯まり、仕事がうまくいきだした」

これは私が片付けを実施した方から、実施後によくお聞きした話です。

本やテレビ番組でも、よく耳にする言葉かと思います。


片付けには経済的・心理的・時間的な面でさまざまなメリットがありますが、私が思う片付けの効果は、**「自己肯定感が高まること」**だと思っています。

大人も子どもも共通で、自己肯定感が高まれば挑戦する心が生まれ、人生に対して主体的になっていくと考えています。

部屋と人とは切ってもきれない関係で、朝目覚めた瞬間に向き合うのも、夜寝る瞬間に向き合うのも、自分の顔でも家族の顔でもなく「部屋」です。

そのため、部屋が人間に与える視覚刺激は、私たちが思う以上に莫大だと考えています。

自己肯定感を高める手法として「自分で自分を褒めること」がよく挙げられますが、手放しに自分を褒めるのは、よほど陽気な方以外は難しいですよね。鏡を見て「今日も美しい！」と全力で言えればよいのですが、心の底から言える方は少数派でしょう。

一方で、洗面所が片付いていれば、客観的な目線で、「今日も美しいなぁ、自分はよく頑張っている」と自分を褒めることができます。

生産性コンサルタントのデビッド・アレン氏は、著書『全面改訂版 はじめてのGTD ストレスフリーの整理術』の中で、

「意味が異なるものが同じ場所に積み上げられていると、その中身が何であるかを見るたびに考えなくてはいけない。それにうんざりしてあなたの頭はそれについて考えなくなってしまう」

と述べています。

机の上に、やりかけの宿題、復習しなくてはならないテスト、習い事の手続き用紙など、あれやこれや、意味の異なるものが山積みになっていると、それを見た時点で頑張るパワーは消滅し、現実逃避でソファに逃げてしまうことでしょう。**「やりかけの何かの塊」は、それほど私たちの集中力を蝕む**ものなのです。

「意味の異なるものが絡まった混沌」とは反対に、「あるべきものが、あるべき場所に収まった状態」を見ると、人は安心し、頑張るパワーが湧いてきます。

整然としたオフィスや、ホテルの一室で、集中力がみなぎる状態と似ているでしょう。

子どもにとっては、家庭内が学習の主戦場。

「意味の分からないものが散らばっている」環境にゲンナリするのではなく、「やるべきことだけが目に入る」環境で全力を発揮したいものです。

そのためには、親子で協力して、自信を持てる環境構築に取り組むことが必要です。

親だけでも子どもだけでも、理想の学習空間はつくれません。

受験勉強に習い事に忙しい毎日とは思いますが、先行投資として、片付けは取り組む価値あり。

ぜひ今週末から、親子で環境を変えていきましょう。

おわりに

私は普段、週5日会社員として働いており、副業として行なっている執筆の活動は、長期休暇にまとめて行なっています。

本書を執筆したのはゴールデンウィークの休暇中。

4月27日に書き始めて、4月30日に全文を書き終えました。

1日1・2万字のノルマを自分に課して、一気に書き上げます。

これまで5冊の本を自分の手で書いてきましたが、書く場所はすべて、「小学校時代を過ごした、実家の子ども部屋」です。

現在は東京で夫とふたり暮らしをしていますが、私の実家は宮城県仙台市にあります。長期休暇は毎回実家に帰省して、執筆に励むのです。

小学校時代から今も間取りは変わらずで、私の独立後は母が私の部屋を使っていますが、学習机はそのままの状態で置いてあります。高価な机ではなく、子ども用の学習机でもありませんが、白くて大きくて、高さが私の体にあった、大好きな机です。

この机で、小学校時代はたくさんの日記と、作文を書きました。脚本家だった祖父に憧れて、原稿用紙に脚本を書いていた時期もあります。大学受験期には、平日は1日5時間、休日は10時間、この机に向かいました。

机から横に目をやると、いつもキッチンに立った母が、料理をつくったり、食器を洗ったりしていました（こうして本書を書いている今も、母は同じようにキッチンに立っています）。

東京大学の卒業生100人に対するアンケートでは、東大生を育てた家庭における学習に興味を持たせるための細やかな工夫と、片付けに対する親の意識の高さを感じました。

同時に、「片付けろ」と親から言われないと片付けない、親が必ずしも勉強熱心なわけではない等、「意外と普通」と思える東大生の一面も垣間見ることができました。

本書で紹介した手法が、100%どの家庭にも当てはまるというわけではありませんが、ひとつでも「やってみたい」と思える内容があれば幸甚《こうじん》です。

本書の編集を担当いただいた加藤さんと私には、「受験生の時代に、よい机を与えられていた」という共通点がありました。加藤さんの机は横に長く、どんなにテキストを広げても、潤沢《じゅんたく》な作業スペースがあったそうです。

自分たちの学生時代も振り返りながら、子どもにとって学習空間とは何か、人生にとって片付けとは何かについてお話をし、その中から本書のテーマが生まれました。

改めて執筆の機会をいただけましたこと、ありがとうございました。

執筆の活動を支えてくれる夫、両親、そして取材・アンケートに協力してくれた皆様に、この場を借りて感謝申し上げます。

本書を手にとってくださったすべての皆様が、ご自身の家に「誇り」と「愛情」を持てますように。

本書が少しでもお子さんの勉強のお役に立てましたら、こんなに嬉しいことはありません。

2024年11月

米田まりな

参考文献

『東大脳の育て方』瀧 靖之・監修、主婦の友社 知育・教育取材班・編、2017年（主婦の友社）
『子ども部屋は語られなくなったのか』堀田美沙紀、2018年
『全面改訂版 はじめてのGTD ストレスフリーの整理術』デビッド・アレン・著、田口 元・監訳（二見書房）

〈著者〉
米田まりな（こめだ・まりな）
脚本家の祖父・研究者の父の影響を受け、茨城県・宮城県でモノに囲まれた幼少期を過ごす。2014年に東京大学経済学部卒業後、住友商事に入社。2024年よりITスタートアップ「株式会社サマリー」取締役及び「株式会社サカイ引越センター」顧問に就任。22年に一橋大学大学院にて経営修士号を取得。プライベートで整理収納アドバイザー（1級）の資格を活かし、副業としてイベントや雑誌監修、記事執筆など多方面で活躍中。作家・デザイナー・起業家から一般の家庭まで幅広い層に向けて片付けのコンサルティングも行なっている。日本経済新聞「NIKKEIプラス1」にて連載中。著書に『でも、捨てられない人の捨てない片づけ』（ディスカヴァー・トゥエンティワン）、『集中できないのは、部屋のせい。』『あの人にイライラするのは、部屋のせい。』（ともにPHP研究所）、『片付けてるのに片付かないので、東大卒の整理収納アドバイザーに頼んだら部屋が激変した』（大和書房）がある。

東大卒収納コンサルタントが教える
子どもが自然と集中する学習空間のつくり方

2024年11月30日　初版第1刷発行

著　者——米田まりな

発行者——張 士洛
発行所——日本能率協会マネジメントセンター
〒103-6009 東京都中央区日本橋2-7-1 東京日本橋タワー
TEL 03(6362)4339(編集)／03(6362)4558(販売)
FAX 03(3272)8127(編集・販売)
https://www.jmam.co.jp/

装丁・本文デザイン——鈴木大輔・江﨑輝海（ソウルデザイン）
イラスト——しゅんぶん
本文DTP——株式会社RUHIA
印刷所——シナノ書籍印刷株式会社
製本所——株式会社新寿堂

ISBN 978-4-8005-9273-6　C0037
落丁・乱丁はおとりかえします。
PRINTED IN JAPAN